쓰다 보면
뚝딱
외워지는
중국어
현지회화
450

현지회화 450

1쇄 인쇄 | 2015년 12월 24일
1쇄 발행 | 2015년 12월 31일

저 자 | 김지나
펴낸이 | 양봉숙
디자인 | 김선희
편 집 | 안호연
마케팅 | 이주철

펴 낸 곳 | 예스북
출판등록 | 제320-2005-25호 2005년 3월 21일
주 소 | 서울시 마포구 서강로 131 신촌아이스페이스 1107호
전 화 | (02)337-3053
팩 스 | (02)337-3054
E-mail | yesbooks@naver.com
홈페이지 | www.e-yesbook.co.kr

ISBN 978-89-92197-77-9 13720

값 13,800원

들어가는 말

서점에 갈 때마다 무수히 쏟아져 나오는 중국어 관련 책들을 보며 깜짝깜짝 놀라곤 합니다. 중국이 세계의 강자로 부상하면서 너도나도 할 것 없이 모두 '중국어 배우기 열풍'에 동참하고 있는 것이죠. 실제로 대학진학, 취업, 승진 시 중국어 능력이 높게 평가되며 중국어는 선택이 아닌 필수가 되어가고 있습니다. 거리에서 중국어 학원 간판을 심심치 않게 보기도 하고, 시중에 출판된 수많은 중국어 서적 중에서 자신의 입맛에 더 맞는 책을 선택할 수 있게 되었습니다.

"쓰다보면 뚝딱 외워지는 중국어 현지회화 450"은 패턴을 통하여 중국어를 공부하는 책입니다. 가장 효과적인 외국어 학습 방법은 바로 패턴을 통째로 암기하고 다양한 단어를 사용하여 연습하며 스스로 익히는 것입니다. 이 책은 중국어 초보자를 대상으로 하여 30일 동안 90개의 패턴, 즉 450개의 문장을 듣고 쓰고 말하며 자연스럽게 습득하도록 하였습니다.

좋은 교재를 만·나는 것보다 더욱 중요한 것은 매일매일 꾸준히 중국어를 공부하고자 하는 학습자의 마음가짐이라고 생각합니다. MP3 녹음파일을 들으며 큰 소리로 세 번 따라 말하고, 세 번 따라 쓰면서 90개 패턴 모두를 '내 것'으로 만드시길 바랍니다.

이 책이 여러분들의 중국어 실력 향상에 조금이나마 보탬이 되기를 기원하며 뜨거운 응원과 격려를 보냅니다.

2015년 12월
김지나

이 책의 특징

본격적으로 중국어를 공부하기 전에 중국어, 번체자와 간체자, 한어병음, 중국어를 구성하는 운모, 성모, 성조 등에 대해 함께 알아보도록 합니다.

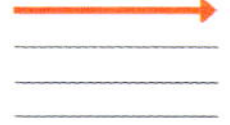

성조(声调)는 소리의 높낮이를 뜻하며 제1성, 제2성, 제3성, 제4성으로 이루어져 있답니다. 중국에서는 같은 발음이다 하더라도 성조가 다르면 의미가 달라집니다. 때문에 정확한 발음과 성조를 낼 수 있도록 많은 연습이 필요해요.

제1성
높은 음높이를 일정하게 유지하며 길게 발음한다

제2성
중간 음높이에서 가장 높은 음까지 쭉 올리며 발음한다

제3성
낮은 음에서 가장 낮은 음까지 내렸다가 끝부분을 살짝 올려 발음한다

제4성
가장 높은 음에서 낮은 음까지 빠르게 떨어뜨리며 발음한다

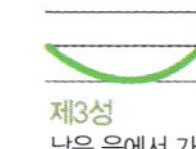

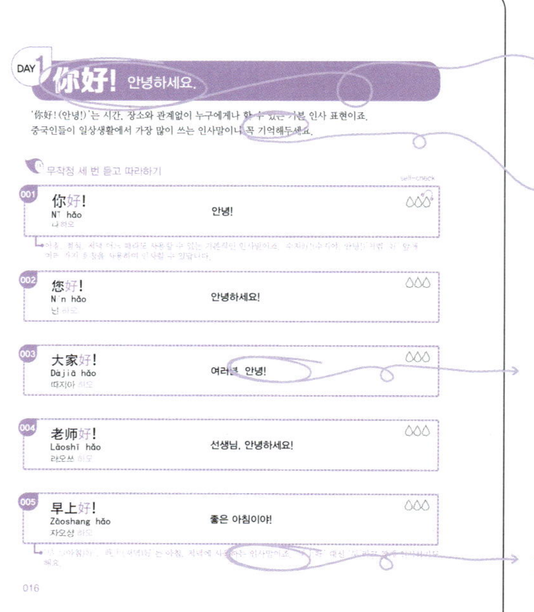

하루에 패턴 3개, 30일 동안 총 90개의 패턴 문장을 공부하게 됩니다. 하나의 패턴 문장에 다양한 단어를 응용하며 자신도 모르는 사이 중국어 회화실력을 쑥쑥~키울 수 있습니다.

어렵고 지루한 어법설명이 아닌 자주 사용되는 회화 패턴의 핵심 내용만을 소개하여 이해가 쉽도록 하였습니다.

한 패턴마다 총 5개 문장을 공부하며 mp3파일을 무작정 듣고 세 번 큰소리로 따라 말하며 자연스럽게 문장을 익히도록 하였습니다.

문장에 따라 알아두면 좋은 표현 및 Tip에 대해서 간단히 소개하고 있습니다.

우리말을 보고 중국어로 세 번 따라 쓰기

self-check

001 안녕!

Nǐ hǎo
你好!
你好!

002 안녕하세요!

Nín hǎo
您好!
您好!

003 여러분, 안녕!

Dàjiā hǎo
大家好!
大家好!

004 선생님, 안녕하세요!

Lǎoshī hǎo
老师好!
老师好!

005 좋은 아침이야!

Zǎoshang hǎo
早上好!
早上好!

DAY 1

1강 인사하기 / 안녕하세요!

단어 Check

필수

□ **你** nǐ 너 □ **您** nín 당신 □ **好** hǎo 안녕하다, 좋다 □ **早上** zǎoshang 아침 □ **大家** dàjiā 여러분
□ **老师** lǎoshī 선생님

017

중국어, 한어 汉语 란?

우리가 흔히 말하는 '중국어'는 중국 사람들이 쓰는 모든 언어를 뜻해요. 한어(汉语)는 중국을 구성하는 56개 민족 중에서 약 91.5%를 차지하고 있는 한족(汉族)이 사용하는 언어를 말하죠. 중국은 영토 면적이 넓고 인구가 많기 때문에 당연히 다양한 방언이 존재할 수밖에 없겠죠? 일부 방언은 완전히 새로운 외국어처럼 서로 의사소통이 어려울 정도라고 합니다.

보통화 普通话 란?

보통화(普通话)란 현대 한족의 공통 표준어로 북경발음을 표준음(음성)으로 하고 북방어를 기초 방언(기본 어휘, 단어)으로 삼으며 모범적인 현대 백화문 작품을 어법의 규정으로 하는 표준어를 말해요. 우리가 배우고자 하는 중국어가 바로 이 보통화(普通话)랍니다.

번체자 繁体字 와 간체자 简体字 란?

중국 역시 원래는 대만, 홍콩처럼 번체자를 사용하였지만 1956년 〈한자간화방안 · 漢字簡化方案〉을 정식 공포한 후 쓰기 편하고 쉽게 외울 수 있는 간체자를 사용하고 있어요. 예를 들어 '공부하다'라는 뜻의 번체자는 '學習', 간체자는 '学习'라고 표기하죠. 중국은 간체자를 사용하고 있지만 한국, 일본, 대만, 홍콩 등지에서는 여전히 번체자를 사용하고 있답니다.

중국어의 성조 声调 란?

성조(声调)는 소리의 높낮이를 뜻하며 제1성, 제2성, 제3성, 제4성으로 이루어져 있답니다. 중국에서는 같은 발음이다 하더라도 성조가 다르면 의미가 달라집니다. 때문에 정확한 발음과 성조를 낼 수 있도록 많은 연습이 필요해요.

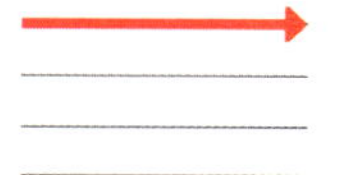

제1성
높은 음높이를 일정하게 유지하며 길게 발음한다

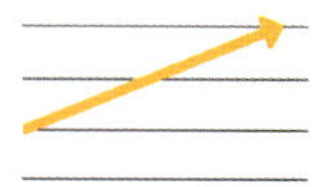

제2성
중간 음높이에서 가장 높은 음까지 쭉 올리며 발음한다

제3성
낮은 음에서 가장 낮은 음까지 내렸다가 끝부분을 살짝 올려 발음한다

제4성
가장 높은 음에서 낮은 음까지 빠르게 떨어뜨리며 발음한다

바로 앞에서 배운 4성 외에도 짧고 가볍게 발음되는 경성 轻声 이 있어요. 경성의 음높이는 앞 음절의 성조에 따라 변하며 성조부호 표시는 따로 하지 않아요.

중국어는 표음문자 表音文字 인 한글과 달리 표의문자 表意文字 이기 때문에 글자의 발음을 따로 표기하는 부호가 필요해요. 중국어를 읽기 위해 로마자로 표기한 발음기호를 바로 한어병음 汉语拼音 이라고 한답니다.

중국어는 자음(성모), 모음(운모), 성조로 구성되어 있어요. 중국어의 자음(성모)는 총 21개며, 운모는 총 36개가 있습니다.

운모

한글의 모음에 해당하는 운모는 a, o, e, i, u, ü 의 6가지 기본 운모 외에도 복운모, 비운모, 권설운모 등으로 구성되어 있어요. 먼저 운모 중에 가장 기본이 되는 기본운모 6가지를 살펴볼까요?

기본운모

하나의 운모로 이루어져 단독으로 의미를 나타낼 수 있고 발음할 때부터 끝까지 입의 모양과 혀의
위치가 변하지 않아요.

a	아	입을 크게 벌려 '아'라고 발음한다
o	오어	입술을 동그랗게 하고 '오'와 '어'의 중간 발음을 한다
e	으어	'으'라고 발음하다 끝에 살짝 '어'라고 발음한다
i	이	입술을 양 끝으로 벌리며 '이'라고 발음한다
u	우	입술을 동글게 하고 '우'라고 발음한다
ü	위	'u'음을 내는 입 모양을 끝까지 유지하며 '위'라 발음한다

복운모

복운모는 운모 ü 를 제외한 운모 a, o, e, i, u 등이 2개, 3개 조합되어 이루어진 운모를 말해요.

ai	아이	'아'라고 길고 강하게 발음하다 '이'라고 짧게 발음한다
ei	에이	'에'라고 강하고 길게 발음하다 입을 오므리고 '이'라고 발음한다
ao	아오	'아'라고 강하고 길게 발음하다 '오'라고 짧게 발음한다
ou	오우	'오'라고 강하고 길게 발음하다 입을 오므리고 '우'라고 짧고 가볍게 발음한다

비운모/권설운모

an	안	'아'라고 발음하면서 콧소리를 섞어 'ㄴ'받침을 발음한다
en	언	'으어'라고 발음하다 콧소리 섞어 'ㄴ' 받침을 붙여 발음한다
ang	앙	'앙'이라고 콧소리를 섞어 발음한다
eng	엉	'으어'라고 길게 발음하다 콧소리를 섞어 'ㅇ'받침을 붙여 발음한다
er	얼	'어'라고 발음하다가 혀끝을 말아서 입천장에 가까이 유지한채 'ㄹ'받침을 붙여 발음한다

결합운모

개음 i, u, ü와 결합하는 운모를 결합운모라고 해요. 개음은 짧게 발음하고 뒤에 나오는 모음은 길게 발음합니다. i, u, ü가 성모 없이 단독으로 쓰일 때는 각각 yi, wu, yu로 표기해요.

i 결합운모	ia(ya)	이야	'이야 → 야'처럼 들리게 발음한다
	ie(ye)	이에	'이에'라고 길게 발음한다
	iao(yao)	이야오	'이야오'라고 길게 발음한다
	iou(yu)	이여우	'이'라고 발음하다 '여우'라고 발음한다
	ian(yan)	이옌	'이예'라고 발음하다 'ㄴ'받침을 붙여 발음한다
	in(yin)	인	'이'에 'ㄴ'받침을 붙여 발음한다
	iang(yang)	이양	'이'라고 발음하다 '양'이라고 발음한다
	ing(ying)	잉	'이'라고 발음하다 살짝 'ㅇ'받침을 붙여 발음한다
	iong(yong)	이융	'이'라고 발음하다 '융'이라고 발음한다
u 결합운모	ua(wa)	우와	'우'라고 시작해서 '와'라고 발음한다
	uo(wu)	우어	'우'라고 시작해서 '어'라고 발음한다
	uai(wai)	우와이	'우'라고 시작해서 '와이'라고 발음한다
	ui(wei)	우웨이	'우'라고 시작해서 '웨이'라고 발음한다
	uan(wan)	우완	'우'라고 시작해서 '와'로 발음하다 'ㄴ'받침을 살짝 붙여 발음한다
	un(wen)	우원	'우'라고 시작해서 '워'로 발음하다 'ㄴ'받침을 붙여 발음한다
	uang(wang)	우왕	'우'라고 시작해서 '와'로 발음하다 'ㅇ'받침을 붙여 발음한다
	ueng(weng)	우웡	'우'라고 시작해서 '워'로 발음하다 살짝 'ㅇ'받침을 붙여 발음한다
ü 결합운모	üe(yue)	위에	'위'라고 시작해서 '에'라고 발음한다
	üan(yuan)	위옌	'위'라고 시작해서 '옌'이라고 발음한다
	ün(yun)	윈	'위'라고 시작해서 살짝 'ㄴ'받침을 붙여 발음한다

한글의 자음에 해당하는 성모는 총 21개이며, 단독으로 쓸 수 없고 모음(운모)과 결합하여 사용합니다.

쌍순음 雙脣音 아랫입술과 윗입술을 붙였다 떼면서 발음한다

b(o) 뽀어	아빠 爸爸 bàba	야구 棒球 bàngqiú
p(o) 포어	포도 葡萄 pútáo	달리다 跑 pǎo
m(o) 모어	엄마 妈妈 māma	마이크 麦克风 màikèfēng
f(o) 포어	비행기 飞机 fēijī	밥 饭 fàn

설첨음 舌尖音 혀끝을 윗 잇몸 안쪽에 붙였다 떼면서 발음한다

d(e) 뜨어	지구 地球 dìqiú	케이크 蛋糕 dàngāo
t(e) 트어	흙 土 tǔ	다리 腿 tuǐ
n(e) 느어	할머니 奶奶 nǎinai	호박 南瓜 nánguā
l(e) 르어	길 路 lù	선생님 老师 lǎoshī

설근음 舌根音 혀뿌리로 목구멍을 막았다가 떼면서 발음한다

g(e)
끄어
가수 歌手 gēshǒu
감기 感冒 gǎnmào
k(e)
크어
울다 哭 kū
커피 咖啡 kāfēi
h(e)
흐어
꽃 花 huā
한국 韩国 hánguó

설면음 舌面音 입을 옆으로 길게 벌리고 혀를 평평하게 하면서 발음한다

j(i)
지
술 酒 jiǔ
반지 戒指 jièzhi
q(i)
치
치마 裙子 qúnzi
자동차 汽车 qìchē
x(i)
시
마음 心 xīn
편지 信 xìn

설치음 舌齿音 혀끝을 윗니 뒷면에 댔다가 떼면서 발음한다

z(i)
즈
축구 足球 zúqiú
김 紫菜 zǐcài
c(i)
츠
요리 菜 cài
식초 醋 cū
s(i)
쓰
우산 伞 sǎn
마늘 蒜 suàn

허끝을 말아 입천장에 붙였다가 떼며 발음한다

zh(i) 즈
종이 纸 zhǐ　　참깨 芝麻 zhīmá

ch(i) 츠
차 茶 chá　　만리장성 长城 chángchéng

sh(i) 스
산 山 shān　　손 手 shǒu

r(i) 르
일본 日本 rìběn　　고기 肉 ròu

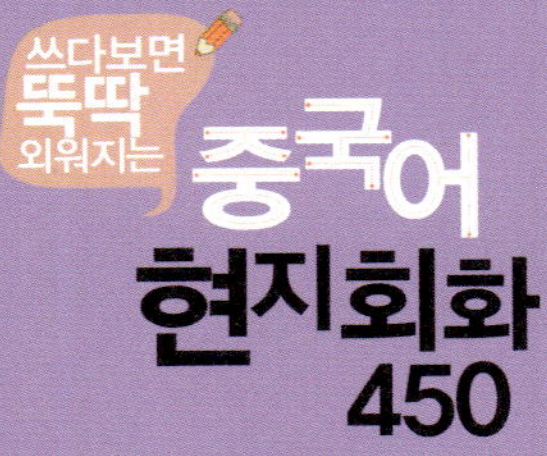
쓰다보면
뚝딱
외워지는
중국어
현지회화
450

쓰다보면
뚝딱
외워지는

중국어 현지회화 450

듣고 말하며 따라 쓰는 **3박자 학습법**으로 실력이 쑥쑥!

你好! 안녕하세요.

'你好!(안녕!)'는 시간, 장소와 관계없이 누구에게나 할 수 있는 기본 인사 표현이죠.
중국인들이 일상생활에서 가장 많이 쓰는 인사말이니 꼭 기억해두세요.

무작정 세 번 듣고 따라하기

self-check

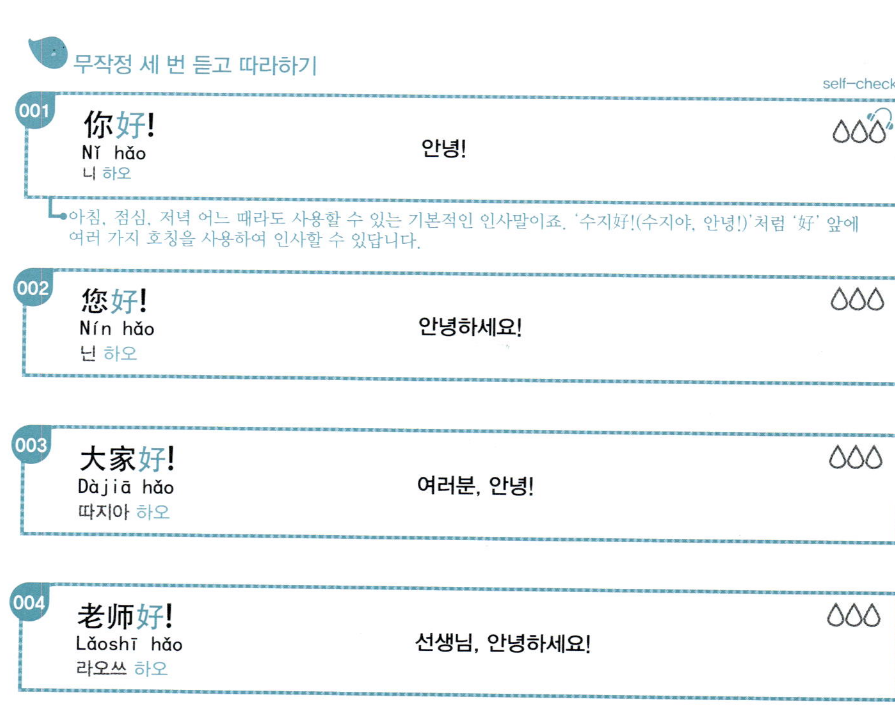

001
你好!
Nǐ hǎo
니 하오

안녕!

└ 아침, 점심, 저녁 어느 때라도 사용할 수 있는 기본적인 인사말이죠. '수지好!(수지야, 안녕!)'처럼 '好' 앞에 여러 가지 호칭을 사용하여 인사할 수 있답니다.

002
您好!
Nín hǎo
닌 하오

안녕하세요!

003
大家好!
Dàjiā hǎo
따지아 하오

여러분, 안녕!

004
老师好!
Lǎoshī hǎo
라오쓰 하오

선생님, 안녕하세요!

005
早上好!
Zǎoshang hǎo
자오상 하오

좋은 아침이야!

└ '早上(아침)好', '晚上(저녁)好'는 아침, 저녁에 사용하는 인사말이죠. '早上好' 대신 '早'라고 짧게 인사하기도 해요.

self-check

001 안녕!

Nǐ hǎo
你好!
你好!

002 안녕하세요!

Nín hǎo
您好!
您好!

003 여러분, 안녕!

Dàjiā hǎo
大家好!
大家好!

004 선생님, 안녕하세요!

Lǎoshī hǎo
老师好!
老师好!

005 좋은 아침이야!

Zǎoshang hǎo
早上好!
早上好!

1강 인사하기

DAY 1

안녕하세요.

✓ Check

필수 단어

☐ **你** nǐ 너 ☐ **您** nín 당신 ☐ **好** hǎo 안녕하다, 좋다 ☐ **早上** zǎoshang 아침 ☐ **大家** dàjiā 여러분
☐ **老师** lǎoshī 선생님

你好吗? 잘 지내니?

'你好吗?'는 '잘 지내니?', '어떻게 지내니?'의 뜻으로 안부를 묻는 표현이죠.
바로 앞에서 배운 '你好!'라는 인사말과 혼동하지 않도록 주의하세요.

 무작정 세 번 듣고 따라 하기

self-check

006

你好吗?
Nǐ hǎo ma
니 하오 마

잘 지내니?

└ '你好吗?'는 아는 사람에게만 할 수 있는 인사말이니 처음 만난 사람에게는 사용할 수 없어요.

007

您好吗?
Nín hǎo ma
닌 하오 마

잘 지내고 계신가요?

008

他好吗?
Tā hǎo ma
타 하오 마

그는 잘 지내?

└ 他(그), 她(그녀), 사람 이외의 것을 가리키는 '它(그것) 모두 '타(Tā)'라고 발음해요.

009

你家人好吗?
Nǐ jiārén hǎo ma
니 찌아런 하오 마

식구들은 잘 지내지?

010

你身体好吗?
Nǐ shēntǐ hǎo ma
니 션티 하오 마

건강은 어떠니?

└ '吗'는 문장 끝에 쓰여 의문문으로 만들어주는 어기조사예요. 어기조사란 문장 맨 끝에 붙어 말하는 이의 심정, 태도, 상태 등을 나타내는 조사랍니다.

 우리말을 보고 중국어로 세 번 따라 쓰기

006

잘 지내니?

Nǐ hǎo ma
你好吗?
你好吗?

007

잘 지내고 계신가요?

Nín hǎo ma
您好吗?
您好吗?

008

그는 잘 지내?

Tā hǎo ma
他好吗?
他好吗?

009

식구들은 잘 지내지?

Nǐ jiārén hǎo ma
你家人好吗?
你家人好吗?

010

건강 괜찮니?

Nǐ shēntǐ hǎo ma
你身体好吗?
你身体好吗?

 Check

필수 단어
☐ 他 tā 그 ☐ 家人 jiārén 가족 ☐ 身体 shēntǐ 건강, 신체

1강 인사하기

DAY 1

잘지내니?

 **DAY 1**

我很好。 나는 잘 지내.

앞에서 배운 '你好吗?'라는 안부를 묻는 표현에는 보통 '我很好'라고 대답해요.

 무작정 세 번 듣고 따라 하기

self-check

011
我很好。
Wǒ hěn hǎo
워 헌 하오

나는 잘 지내.

> 부사 '很'은 '매우', '아주'라는 뜻이 있지만 중국어에서는 단음절 형용사 앞에 습관적으로 붙여 사용해요.

012
我不太好。
Wǒ bú tài hǎo
워 부타이 하오

그다지 좋지 않아.

013
我也很好。
Wǒ yě hěn hǎo
워 에 헌 하오

나 역시 잘 지내.

014
我家人都很好。
Wǒ jiārén dōu hěn hǎo
워 찌아런 또우 헌 하오

가족들 모두 잘 지내.

015
我身体很好。
Wǒ shēntǐ hěn hǎo
워 션티 헌 하오

건강 괜찮아.

> '건강이 좋지 않아, 몸이 편안하지 않아'는 '我身体不舒服(wǒ shēntǐ bù shūfu)'라고 말해요.
> '舒服'는 '몸과 마음이 편안하다'라는 뜻이 있어요.

 우리말을 보고 중국어로 세 번 따라 쓰기

011

나는 잘 지내.

Wǒ hěn hǎo
我很好。
我很好。

012

그다지 좋지 않아.

Wǒ bú tài hǎo
我不太好。
我不太好。

013

나 역시 잘 지내.

Wǒ yě hěn hǎo
我也很好。
我也很好。

014

가족들 모두 잘 지내.

Wǒ jiārén dōu hěn hǎo
我家人都很好。
我家人都很好。

015

건강 괜찮아.

Wǒ shēntǐ hěn hǎo
我身体很好。
我身体很好。

 Check

필수 단어
☐ **我** wǒ 나　☐ **不太** bútài 그다지~않다　☐ **也** yě ~도　☐ **家人** jiārén 가족, 식구
☐ **身体** shēntǐ 건강, 신체

DAY 2 你忙吗? 너 바쁘니?

'너 바쁘니?'라 묻고 싶을 때는 '你忙吗?'나 '你忙不忙?'처럼 동사, 형용사를 긍정, 부정형으로 연이어 말하기도 해요.

 무작정 세 번 듣고 따라 하기

self-check

016

你忙吗?
Nǐ máng ma
니 망 마

너 바쁘니?

 의문문을 만드는 '吗'와 '呢'는 둘 다 문장 끝에 사용해요. '~합니까?'라는 뜻의 '吗'는 '你忙吗?(너 바쁘니?)' 등으로 사용되지만 '~는?' 뜻의 '呢'는 '我很忙。你呢?(난 바빠. 너는?)'처럼 앞의 화제를 이어받아 똑같은 내용을 물어볼 때 쓰여요.

017

最近你忙吗?
Zuìjìn nǐ máng ma
쭈이찐 니 망 마

너 요즘 바쁘니?

018

今天你忙吗?
Jīntiān nǐ máng ma
진티엔 니 망 마

너 오늘 바쁘니?

019

你工作忙吗?
Nǐ gōngzuò máng ma
니 공쭈어 망 마

너 일이 바쁘니?

020

你现在忙吗?
Nǐ xiànzài máng ma
니 시엔짜이 망 마

너 지금 바쁘니?

016

너 바쁘니?

Nǐ máng ma
你忙吗?
你忙吗?

017

너 요즘 바쁘니?

Zuìjìn nǐ máng ma
最近你忙吗?
最近你忙吗?

018

너 오늘 바쁘니?

Jīntiān nǐ máng ma
今天你忙吗?
今天你忙吗?

019

너 일이 바쁘니?

Nǐ gōngzuò máng ma
你工作忙吗?
你工作忙吗?

020

너 지금 바쁘니?

Nǐ xiànzài máng ma
你现在忙吗?
你现在忙吗?

단어 ✓Check

필수

☐ 忙 máng 바쁘다　☐ 最近 zuìjìn 최근, 요즘　☐ 今天 Jīntiān 오늘　☐ 工作 gōngzuò 일, 업무
☐ 现在 xiànzài 현재, 지금

我最近很忙。 나 요즘 바빠.

'最近'은 '최근, 요즘'이라는 자주 사용하는 부사이니 꼭 외워두도록 해요.

 무작정 세 번 듣고 따라 하기

self-check

021

我最近很忙。
wǒ zuìjìn hěn máng
워 쭈이찐 헌 망

나 요즘 바빠.

022

我最近非常忙。
wǒ zuìjìn fēicháng máng
워 쭈이찐 페이창 망

나 요즘 너무 바빠.

'非常'은 '대단히, 굉장히'라는 뜻을 가진 정도부사로 습관적으로 붙이는 '很'과는 달리 본래의 뜻을 나타내요.

023

我最近不太忙。
wǒ zuìjìn bútài máng
워 쭈이찐 부타이 망

나 요즘 그다지 바쁘지 않아.

024

我最近不忙。
wǒ zuìjìn bù máng
워 쭈이찐 부 망

나 요즘 안 바빠.

025

我今天不忙。
wǒ jīntiān bù máng
워 진티엔 부 망

나 오늘은 바쁘지 않아.

부정문을 만들 때는 동사나 형용사 혹은 기타 부사 앞에 '不 bù'를 사용해요. '不'는 4성이지만 뒤에 오는 음절이 4성인 경우 성조가 2성으로 변해요. 단독으로 사용하거나 뒤에 1, 2, 3성이 오는 경우에는 성조 변화가 없답니다.

self-check

021

나 요즘 바빠.

wǒ zuìjìn hěn máng
我最近很忙。
我最近很忙。

△△△

022

나 요즘 너무 바빠.

wǒ zuìjìn fēicháng máng
我最近非常忙。
我最近非常忙。

△△△

023

나 요즘 그다지 바쁘지 않아.

wǒ zuìjìn bútài máng
我最近不太忙。
我最近不太忙。

△△△

024

나 요즘 안 바빠.

wǒ zuìjìn bù máng
我最近不忙。
我最近不忙。

△△△

025

나 오늘은 바쁘지 않아.

wǒ jīntiān bù máng
我今天不忙。
我今天不忙。

△△△

필수 단어 ✓Check

□ **非常** fēicháng 대단히, 굉장히 □ **不太** bútài 그다지~하지 않다

1강 인사하기

DAY 2

나 요즘 바빠.

再见。 또 만나.

'再见'은 '잘 가, 또 만나'라는 뜻으로 시간, 장소, 신분과 관계없이 사용할 수 있는 표현이죠.
'再' 대신에 '明天'과 같은 다양한 시간사를 넣어 연습해봅시다.

무작정 세 번 듣고 따라 하기

self-check

026
再见。
Zài jiàn
짜이 찌엔

또 만나.

027
明天见。
Míngtiān jiàn
밍티엔 찌엔

내일 봐.

028
下周见。
Xiàzhōu jiàn
씨아쩌우 찌엔

다음 주에 봐.

029
晚上见。
Wǎnshang jiàn
완샹 찌엔

저녁에 봐.

주어 앞, 뒤에 위치하는 시간사

| 前天 qiāntiān | 그제 | 昨天 zuótiān | 어제 | 今天 jīntiān | 오늘 | 明天 míngtiān | 내일 | 后天 hòutiān | 모레 |
| 早上 zǎoshang | 아침 | 上午 shàngwǔ | 오전 | 中午 zhōngwǔ | 정오 | 下午 xiàwǔ | 오후 | 晚上 wǎnshang | 저녁 |

030
一会儿见。
Yíhuìr jiàn
이훨얼 찌엔

잠시 후에 봐요.

026

또 만나.

Zài jiàn
再见。
再见。

○○○

027

내일 보.

Míngtiān jiàn
明天见。
明天见。

○○○

028

다음 주에 봐.

Xiàzhōu jiàn
下周见。
下周见。

○○○

029

저녁에 봐.

Wǎnshang jiàn
晚上见。
晚上见。

○○○

030

잠시 후에 봐요.

Yíhuìr jiàn
一会儿见。
一会儿见。

○○○

✔Check

필수 단어

□ **见** jiàn 보다, 만나다 □ **明天** míngtiān 내일 □ **下周** Xiàzhōu 다음 주 □ **晚上** wǎnshang 저녁
□ **一会儿** yíhuìr 잠시, 잠깐 동안

1강 인사하기
DAY 2
또 만나.

DAY 3 你叫什么名字? 넌 이름이 뭐니?

상대방의 이름을 묻고자 할 때는 '你叫什么名字?'라고 말해요. '성이 뭐예요?'라고 물을 때는
'您贵姓? nín guì xìng'이라고 말하면 됩니다.

 무작정 세 번 듣고 따라 하기

031 

你叫什么名字?
Nǐ jiào shénme míngzi
니 찌아오 션머 밍쯔

넌 이름이 뭐니?

의문문에 쓰이는 의문사인 '什么'는 '무엇'이라는 의미를 가지고 있어요. '什么'를 사용한 문장 끝에는 '吗'를
붙이지 않는다는 거 꼭 기억하세요.

032

他叫什么名字?
Tā jiào shénme míngzi
타 찌아오 션머 밍쯔

그는 이름이 뭐니?

033

她叫什么名字?
Tā jiào shénme míngzi
타 찌아오 션머 밍쯔

그녀는 이름이 뭐니?

034

你孩子叫什么名字?
Nǐ háizi jiào shénme míngzi
니 하이즈 찌아오 션머 밍쯔

아이 이름이 뭐예요?

035

你女朋友叫什么名字?
nǐ nǚpéngyou jiào shénme míngzi
니 뉘펑요우 찌아오 션머 밍쯔

여자친구 이름이 뭐예요?

self-check

031

넌 이름이 뭐니?

Nǐ jiào shénme míngzi
你叫什么名字?
你叫什么名字?

○○○

032

그는 이름이 뭐니?

Tā jiào shénme míngzi
他叫什么名字?
他叫什么名字?

○○○

033

그녀는 이름이 뭐니?

Tā jiào shénme míngzi
她叫什么名字?
她叫什么名字?

○○○

034

아이 이름이 뭐예요?

Nǐ háizi jiào shénme míngzi
你孩子叫什么名字?
你孩子叫什么名字?

○○○

035

여자친구 이름이 뭐예요?

nǐ nǚpéngyou jiào shénme míngzi
你女朋友叫什么名字?
你女朋友叫什么名字?

○○○

2강 소개하기

DAY 3

넌 이름이 뭐니?

단어 ✓Check

필수

☐ **叫** jiào (이름을)~라고 부르다　☐ **什么** shénme 무슨, 무엇　☐ **名字** míngzi 이름

☐ **孩子** háizi 아이, 자녀　☐ **女朋友** nǚpéngyou 여자친구

我叫李多海。 나는 이다해라고 해.

'你叫什么名字?'라는 질문에는 '我叫○○○'라고 답하죠. 여기서 '叫'는 '(이름을)~라고 부르다'라는 뜻이라는 것 알아두면 좋겠죠?

 무작정 세 번 듣고 따라 하기

self-check

036

我叫李多海。
wǒ jiào lǐ duō hǎi
워 찌아오 리 뚜어 하이

난 이다해라고 해.

037

他叫金秀贤。
Tā jiào jīn xiù xián
타 찌아오 찐 시우 시엔

그의 이름은 김수현이야.

038

她叫全智贤。
Tā jiào quán zhì xián
타 찌아오 취엔 즈 시엔

그녀의 이름은 전지현이야.

039

我女儿叫秀英。
Wǒ nǚ'ér jiào xiù yīng
워 뉘얼 찌아오 시우 잉

내 딸 이름은 수영이야.

040

我儿子叫正熙。
wǒ érzi jiào zhèng xī
워 얼즈 찌아오 쩡 시

내 아들 이름은 정희야.

'你叫什么名字?(이름이 뭐예요?)' 외에 '你叫什么?' 역시 상대방의 이름을 묻는 질문이랍니다.
역시 '我叫~'라고 똑같이 대답하면 되겠죠?

우리말을 보고 중국어로 세 번 따라 쓰기

self-check

036

난 이다해라고 해.

wǒ jiào lǐ duō hǎi
我叫李多海。
我叫李多海。

037

그의 이름은 김수현이야.

Tā jiào jīn xiù xián
他叫金秀贤。
他叫金秀贤。

038

그녀의 이름은 전지현이야.

Tā jiào quán zhì xián
她叫全智贤。
她叫全智贤。

039

내 딸 이름은 수영이야.

Wǒ nǚ'ér jiào xiù yīng
我女儿叫秀英。
我女儿叫秀英。

040

내 아들 이름은 정희야.

wǒ érzi jiào zhèng xī
我儿子叫正熙。
我儿子叫正熙。

✓Check

필수 단어

□ **叫** jiào (이름을)~라고 부르다　□ **女儿** nǚ'ér 딸　□ **儿子** érzi 아들

DAY 3 我姓金。 나는 김 씨야.

앞에서 한번 언급했던 것처럼 '您贵姓? nín guì xìng'은 처음 만난 사람 또는 손윗사람 등에게 이름을 물어보는 정중한 표현입니다.

 무작정 세 번 듣고 따라 하기

self-check

041

我姓金。
Wǒ xìng jīn
워 싱 찐

나는 김 씨야.

042

我姓王。
Wǒ xìng wáng
워 싱 왕

나는 왕 씨야.

043

我姓金叫智恩。
Wǒ xìng jīn jiào zhì ēn
워 싱 찐 찌아오 쯔 은

나는 김 씨고 이름은 지은이야.

> 성을 묻는 표현이지만 대답할 때 '我姓○, 叫○○(성은 ○이고 이름은 ○○입니다)'라고 대답하는 것이 좋아요.

044

您贵姓?
Nín guì xìng
닌 꾸이 싱

성함이 뭐예요?

> '姓' 앞에 '귀중하다'라는 뜻의 '贵'가 붙은 '贵姓'은 상대방의 성씨를 높여 부르는 말이랍니다.

045

老师，您贵姓?
Lǎoshī nín guì xìng
라오스 닌 꾸이 싱

선생님 성함이 어떻게 되세요?

우리말을 보고 중국어로 세 번 따라 쓰기

041

나는 김 씨야.

Wǒ xìng jīn
我姓金。
我姓金。

042

나는 왕 씨야.

Wǒ xìng wáng
我姓王。
我姓王。

043

나는 김 씨고 이름은 지은이야.

Wǒ xìng jīn jiào zhì ēn
我姓金叫智恩。
我姓金叫智恩。

044

성함이 어떻게 되세요?

Nín guì xìng
您贵姓?
您贵姓?

045

선생님 성함이 어떻게 되세요?

Lǎoshī nín guì xìng
老师，您贵姓?
老师，您贵姓?

✓ Check

□ **姓** xìng 성, 성이~이다　□ **贵姓** guìxìng (상대방의)성, 성씨　□ **什么** shénme 무엇, 무슨

你家有几口人? 너희 집 식구는 몇 명이니?

'你家有几口人?'은 '너희 집 식구는 몇 명이니?'라는 뜻의 가족을 묻는 표현이죠. '口 kǒu'는
식구를 셀 때 사용하는 양사라는 점도 함께 기억해두세요.

 무작정 세 번 듣고 따라 하기

self-check

046

你家有几口人?
Nǐ jiā yǒu jǐ kǒu rén
니 찌아 요우 지 커우 런

너희 집 식구는 몇 명이니?

'몇'이라는 뜻을 가진 수사로 '几'는 숫자가 그렇게 많지 않을 때(10 미만의 수) 사용해요. 수가 많다고 예상되는
경우에는 '多少 duōshǎo'를 사용하죠.

047

他家有几口人?
Tā jiā yǒu jǐ kǒu rén
타 찌아 요우 지 커우 런

그의 집 식구는 몇 명이니?

048

她家有几口人?
Tā jiā yǒu jǐ kǒu rén
타 찌아 요우 지 커우 런

그녀의 집 식구는 몇 명이니?

049

你家有什么人?
Nǐ jiā yǒu shénme rén
니 찌아 요우 션머 런

너희 집 가족이 어떻게 되니?

'你家有什么人? Nǐ jiā yǒu shénme rén'는 '당신은 가족이 누구누구 있나요?'라는 뜻을 가진 가족 구성원을
묻는 표현이죠.

050

他家有什么人?
Tā jiā yǒu shénme rén
타 찌아 요우 션머 런

그의 집은 가족이 어떻게 되니?

self-check

046

너희 집 식구는 몇 명이니?

Nǐ jiā yǒu jǐ kǒu rén
你家有几口人？
你家有几口人？

047

그의 집 식구는 몇 명이니?

Tā jiā yǒu jǐ kǒu rén
他家有几口人？
他家有几口人？

048

그녀의 집 식구는 몇 명이니?

Tā jiā yǒu jǐ kǒu rén
她家有几口人？
她家有几口人？

049

너희 집 가족이 어떻게 되니?

Nǐ jiā yǒu shénme rén
你家有什么人？
你家有什么人？

050

그의 집은 가족이 어떻게 되니?

Tā jiā yǒu shénme rén
他家有什么人？
他家有什么人？

2강 소개하기

DAY 4

너희 집 식구는 몇 명이니?

 Check

필수 단어

☐ 家 jiā 집 ☐ 有 yǒu 있다 ☐ 几 jǐ 몇 ☐ 口 kǒu 식구(사람을 세는 단위) ☐ 人 rén 사람

我家有四口人。 우리 집은 네 식구야.

앞에서 배운 '你家有几口人?(너희 집 식구는 몇 명이니)'이라는 질문에는 '我家有○口人。
(우리 집 식구는 ○명이야)'이라고 대답해요. 일반적으로 가족 구성원 수를 먼저 말하고 구성원
을 하나하나 소개한답니다.

무작정 세 번 듣고 따라 하기

self-check

051

我家有**四**口**人**。
Wǒ jiā yǒu sì kǒu rén
워 찌아 요우 스 커우 런

우리 집은 네 식구야.

052

我家有**五**口**人**。
Wǒ jiā yǒu wǔ kǒu rén
워 찌아 요우 우 커우 런

우리 집은 다섯 식구야.

053

他家有**三**口**人**。
Tā jiā yǒu sān kǒu rén
타 찌아 요우 산 커우 런

그의 집은 식구가 세 명이야.

054

她家有**六**口**人**。
Tā jiā yǒu liù kǒu rén
타 찌아 요우 리우 커우 런

그녀 집은 식구가 6명이야.

인칭대명사

	1인칭(나)	2인칭(너, 당신)		3인칭(그, 그녀, 그것)		
단수	我 wǒ	你 nǐ 您 nín	他 tā		她 tā	它 tā
복수	我们 wǒmen	你们 nǐmen	他们 tāmen		她们 tāmen	它们 tāmen

055

智恩家有**五**口**人**。
Zhì ēn jiā yǒu wǔ kǒu rén
쯔은 찌아 요우 우 커우 런

지은이네 집은 다섯 식구야.

우리말을 보고 중국어로 세 번 따라 쓰기

051

우리 집은 네 식구야.

Wǒ jiā yǒu sì kǒu rén
我家有四口人。
我家有四口人。

052

우리 집은 다섯 식구야.

Wǒ jiā yǒu wǔ kǒu rén
我家有五口人。
我家有五口人。

053

그의 집은 식구가 세 명이야.

Tā jiā yǒu sān kǒu rén
他家有三口人。
他家有三口人。

054

그녀 집은 식구가 6명이야.

Tā jiā yǒu liù kǒu rén
她家有六口人。
她家有六口人。

055

지은이네 집은 다섯 식구야.

Zhì ēn jiā yǒu wǔ kǒu rén
智恩家有五口人。
智恩家有五口人。

✓Check

필수 단어

☐ 家 jiā 집　☐ 有 yǒu 있다　☐ 几 jǐ 몇　☐ 口 kǒu 식구(사람을 세는 단위)　☐ 人 rén 사람

2강 소개하기

DAY 4

우리 집은 네 식구야.

爸爸、妈妈、姐姐和我。

아빠, 엄마, 언니 그리고 나야.

'和'는 명사, 대명사 등을 나열할 때 사용하며 '~와(과)'라고 해석해요. 나열되는 말이 셋 이상
일 경우에는 마지막 둘 사이에 넣어 사용합니다.

 무작정 세 번 듣고 따라 하기

self-check

056
爸爸、妈妈、姐姐和我。
Bàba māma jiějie hé wǒ
빠바 마마 지에지에 허 워

아빠, 엄마, 언니, 그리고 나야.

057
爸爸、妈妈和我。
Bàba māma hé wǒ
빠바 마마 허 워

아빠, 엄마, 그리고 나야.

058
爸爸、妈妈、哥哥和我。
Bàba māma gēge hé wǒ
빠바 마마 꺼거 허 워

아빠, 엄마, 오빠, 그리고 나야.

059
爸爸、妈妈、两个姐姐和我。
Bàba māma liǎng ge jiějie hé wǒ
빠바 마마 량 거 지에지에 허 워

아빠, 엄마, 언니 둘, 그리고 나야.

060
爷爷、奶奶、爸爸、妈妈和我。
Yéye nǎinai bàba māma hé wǒ
이에이에 나이나이 빠바 마마 허 워

할아버지, 할머니, 아빠, 엄마 그리고 나야.

우리말을 보고 중국어로 세 번 따라 쓰기

self-check

056

아빠, 엄마, 언니, 그리고 나야.

Bàba māma jiějie hé wǒ
爸爸、妈妈、姐姐和我。
爸爸、妈妈、姐姐和我。

△△△

057

아빠, 엄마, 그리고 나야.

Bàba māma hé wǒ
爸爸、妈妈和我。
爸爸、妈妈和我。

△△△

058

아빠, 엄마, 오빠, 그리고 나야.

Bàba māma gēge hé wǒ
爸爸、妈妈、哥哥和我。
爸爸、妈妈、哥哥和我。

△△△

059

아빠, 엄마, 언니 둘, 그리고 나야.

Bàba māma liǎng ge jiějie hé wǒ
爸爸、妈妈、两个姐姐和我。
爸爸、妈妈、两个姐姐和我。

△△△

060

할아버지, 할머니, 아빠, 엄마 그리고 나야.

Yéye nǎinai bàba māma hé wǒ
爷爷、奶奶、爸爸、妈妈和我。
爷爷、奶奶、爸爸、妈妈和我。

△△△

✓Check

단어 필수

□ **爸爸** bàba 아빠　□ **妈妈** māma 엄마　□ **姐姐** jiějie 언니, 누나　□ **哥哥** gēge 오빠, 형

□ **爷爷** yéye 할아버지　□ **奶奶** nǎinai 할머니　□ **我** wǒ 나, 저

你多大? 너는 몇 살이니?

또래나 나이 어린 사람에게 나이를 묻고자 할 때는 '你多大?'라고 말해요. '您多大年纪?
Nín duō dà niánjì'는 '연세가 어떻게 되세요?'라고 어르신의 나이를 물을 때 사용해요.

무작정 세 번 듣고 따라 하기

self-check

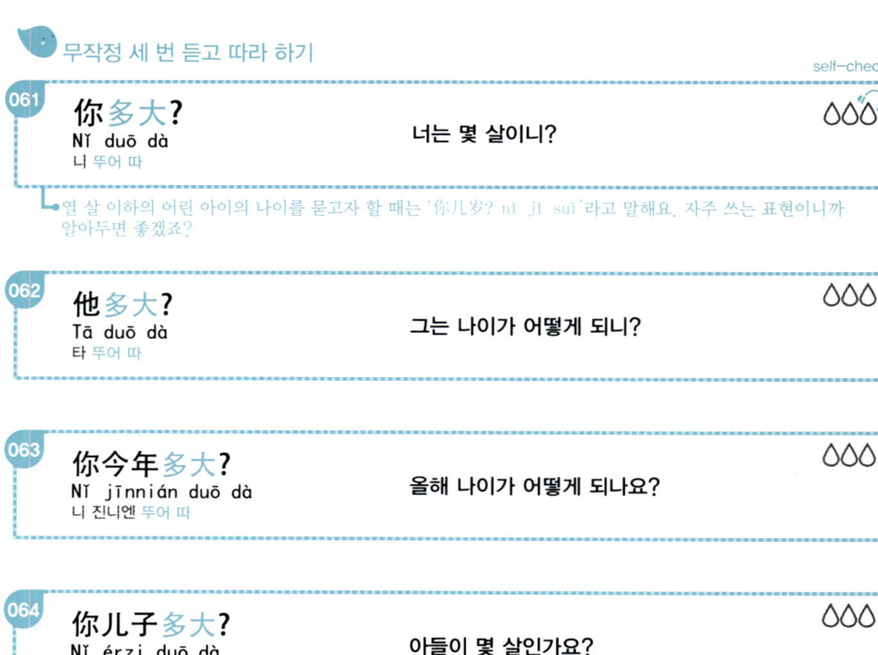

061

你多大?
Nǐ duō dà
니 뚜어 따

너는 몇 살이니?

열 살 이하의 어린 아이의 나이를 묻고자 할 때는 '你几岁? nǐ jǐ suì'라고 말해요. 자주 쓰는 표현이니까
알아두면 좋겠죠?

062

他多大?
Tā duō dà
타 뚜어 따

그는 나이가 어떻게 되니?

063

你今年多大?
Nǐ jīnnián duō dà
니 진니엔 뚜어 따

올해 나이가 어떻게 되나요?

064

你儿子多大?
Nǐ érzi duō dà
니 얼즈 뚜어 따

아들이 몇 살인가요?

065

您今年多大年纪?
Nín jīnnián duō dà niánjì
닌 진니엔 뚜어 따 니엔지

올해 연세가 어떻게 되세요?

'您今年多大年纪?'처럼 '您今年多大岁数? Nín jīnnián duōdà suìshù'도 어르신의 나이를 묻고자 할 때 사용하죠.

self-check

061

너는 몇 살이니?

Nǐ duō dà
你多大?
你多大?

062

그는 나이가 어떻게 되니?

Tā duō dà
他多大?
他多大?

063

올해 나이가 어떻게 되나요?

Nǐ jīnnián duō dà
你今年多大?
你今年多大?

064

아들이 몇 살인가요?

Nǐ érzi duō dà
你儿子多大?
你儿子多大?

065

올해 연세가 어떻게 되세요?

Nín jīnnián duō dà niánjì
您今年多大年纪?
您今年多大年纪?

2강 소개하기

DAY 5

너는 몇 살이니?

단어 필수 ✓Check

- ☐ **多** duō 많다, 얼마나　☐ **大** dà 크다, 많다　☐ **儿子** érzi 아들　☐ **年纪** niánjì 나이, 연령
- ☐ **岁数** suìshù 나이, 연세　☐ **今年** jīnnián 올해

你今年几岁? 너는 올해 몇 살이니?

'你几岁?'는 주로 10살 미만 어린아이의 나이를 물어볼 때 사용하는 표현이죠.
几는 10 이하의 수를 물을 때 사용하는 의문사예요.

무작정 세 번 듣고 따라 하기

self-check

066

你今年几岁?
Nǐ jīnnián jǐ suì
니 진니엔 지 쉐이

너는 올해 몇 살이니?

067

你儿子今年几岁?
Nǐ érzi jīnnián jǐ suì
니 얼즈 진니엔 지 쉐이

네 아들은 올해 몇 살이니?

068

你女儿今年几岁?
Nǐ nǚ'ér jīnnián jǐ suì
니 뉴얼 진니엔 지 쉐이

네 딸은 올해 몇 살이니?

069

我儿子今年七岁。
Wǒ érzi jīnnián qī suì
워 얼즈 진니엔 치 쉐이

내 아들은 올해 일곱살이야.

070

她女儿今年八岁。
Tā nǚ'ér jīnnián bā suì
타 뉴얼 진니엔 빠 쉐이

그녀의 딸은 올해 여덟살이야.

숫자를 나타내는 표현

하나	一 yī	둘	二 èr
셋	三 sān	넷	四 sì
다섯	五 wǔ	여섯	六 liù
일곱	七 qī	여덟	八 bā
아홉	九 jiǔ	열	十 shí

 우리말을 보고 중국어로 세 번 따라 쓰기

066

너는 올해 몇 살이니?

Nǐ jīnnián jǐ suì
你今年几岁?
你今年几岁?

067

네 아들은 올해 몇 살이니?

Nǐ érzi jīnnián jǐ suì
你儿子今年几岁?
你儿子今年几岁?

068

네 딸은 올해 몇 살이니?

Nǐ nǚ'ér jīnnián jǐ suì
你女儿今年几岁?
你女儿今年几岁?

069

내 아들은 올해 일곱 살이야.

Wǒ érzi jīnnián qī suì
我儿子今年七岁。
我儿子今年七岁。

070

그녀의 딸은 올해 여덟 살이야.

Tā nǚ'ér jīnnián bā suì
她女儿今年八岁。
她女儿今年八岁。

✔ Check

필수 □ **今年** jīnnián 올해　□ **几** jǐ 몇　□ **岁** suì 세, 살　□ **儿子** érzi 아들　□ **女儿** nǚ'ér 딸

DAY 5 我今年二十三岁。 나는 올해 23살이야.

'岁 Suì'는 '세, 살'이라는 뜻으로 나이를 말할 때는 숫자 뒤에 '岁'를 붙여 대답해요.

 무작정 세 번 듣고 따라 하기

071
我今年二十三岁。
Wǒ jīnnián èrshí sān suì
워 진니엔 얼스 산 쉐이

나는 올해 23살이야.

상대방이 나이를 물어볼 때 '네가 맞춰봐'라고 말해본 경험 다들 있겠죠? '네가 맞춰봐'는 '你猜猜。 nǐ cāicāi'라고 표현해요.

072
我今年十七岁。
Wǒ jīnnián shí qī suì
워 진니엔 스 치 쉐이

나는 올해 17살이야.

073
他今年二十五岁。
Tā jīnnián èrshí wǔ suì
타 진니엔 얼스 우 쉐이

그는 올해 25살이야.

074
老师今年三十岁。
Lǎoshī jīnnián sānshí suì
라오스 진니엔 산스 쉐이

선생님은 올해 서른 살이셔.

075
我妈妈今年三十八岁。
Wǒ māma jīnnián sānshí bā suì
워 마마 진니엔 산스 빠 쉐이

어머니는 올해 서른여덟 살이셔.

 우리말을 보고 중국어로 세 번 따라 쓰기

071

나는 올해 23살이야.

Wǒ jīnnián èrshí sān suì
我今年二十三岁。
我今年二十三岁。

○○○

072

나는 올해 17살이야.

Wǒ jīnnián shí qī suì
我今年十七岁。
我今年十七岁。

○○○

073

그는 올해 25살이야.

Tā jīnnián èrshí wǔ suì
他今年二十五岁。
他今年二十五岁。

○○○

074

선생님은 올해 서른 살이셔.

Lǎoshī jīnnián sānshí suì
老师今年三十岁。
老师今年三十岁。

○○○

075

어머니는 올해 서른여덟 살이셔.

Wǒ māma jīnnián sānshí bā suì
我妈妈今年三十八岁。
我妈妈今年三十八岁。

○○○

✓Check

필수 □ **岁** suì 세, 살 □ **今年** jīnnián 올해 □ **老师** lǎoshī 선생님 □ **妈妈** māma 엄마

2강 소개하기

DAY 5

나는 올해 23살이야.

你属什么? 너는 무슨 띠야?

중국 사람들도 우리나라처럼 '무슨 띠세요?'라고 띠를 물어보기도 해요. '你属什么?'라는 질문에는 '我属○○'이라고 대답하면 됩니다. 물론 ○○에는 다양한 12간지 동물 명칭이 들어갈 수 있겠죠?

무작정 세 번 듣고 따라 하기

self-check

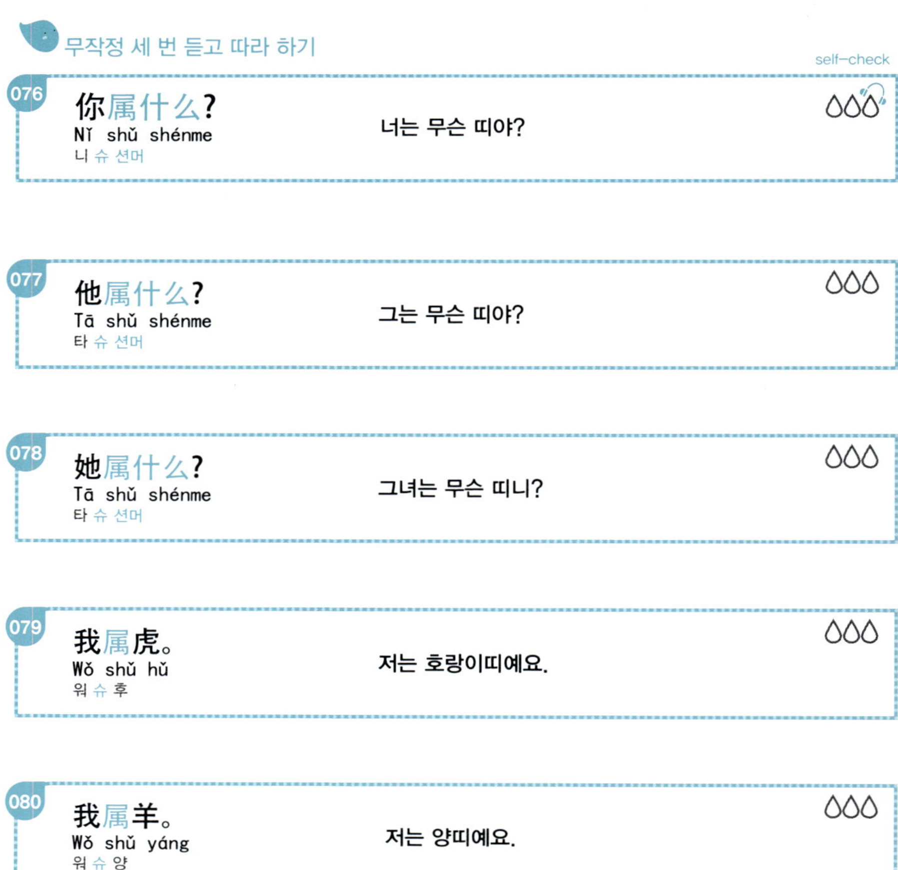

076
你属什么?
Nǐ shǔ shénme
니 슈 션머

너는 무슨 띠야?

077
他属什么?
Tā shǔ shénme
타 슈 션머

그는 무슨 띠야?

078
她属什么?
Tā shǔ shénme
타 슈 션머

그녀는 무슨 띠니?

079
我属虎。
Wǒ shǔ hǔ
워 슈 후

저는 호랑이띠예요.

080
我属羊。
Wǒ shǔ yáng
워 슈 양

저는 양띠예요.

 우리말을 보고 중국어로 세 번 따라 쓰기

076

너는 무슨 띠야?

Nǐ shǔ shénme
你属什么?
你属什么?

077

그는 무슨 띠야?

Tā shǔ shénme
他属什么?
他属什么?

078

그녀는 무슨 띠니?

Tā shǔ shénme
她属什么?
她属什么?

079

저는 호랑이띠예요.

Wǒ shǔ hǔ
我属虎。
我属虎。

080

저는 양띠예요.

Wǒ shǔ yáng
我属羊。
我属羊。

 Check

단어 필수

□ **属** shǔ ～띠이다 □ **什么** shénme 무엇, 어떤 □ **虎** hǔ 호랑이 □ **羊** yáng 양

2강 소개하기

DAY 6

너는 무슨 띠야?

你是哪国人? 넌 어느 나라 사람이니?

'哪 nǎ'는 '어느'라는 뜻을 가진 의문대명사예요. 상대방에게 어느 나라 사람인지 물을 때는
'你是哪国人?' 또는 '你是从哪儿来的?'라고 말합니다.

 무작정 세 번 듣고 따라 하기

self-check

081

你是哪国人?
Nǐ shì nǎ guó rén
니 스 나 구어 런

넌 어느 나라 사람이니?

상대방이 누가 봐도 한국인 같아 보인다면 곧바로 '한국 사람이니?'라고 물을 수도 있겠죠. 이럴 때는
'你是韩国人吗? nǐ shì Hánguó rén ma'라고 말해요.

082

他是哪国人?
Tā shì nǎ guó rén
타 스 나 구어 런

그는 어느 나라 사람이니?

083

她是哪国人?
Tā shì nǎ guó rén
타 스 나 구어 런

그녀는 어느 나라 사람이니?

084

你是从哪儿来的?
Nǐ shì cóng nǎr lái de
니 스 총 날 라이 더

너는 어디에서 왔니?

'从'은 ~(에서)부터라는 뜻으로 시간이나 장소의 출발시점을 나타내요.

085

她是从哪儿来的?
Tā shì cóng nǎr lái de
타 스 총 날 라이 더

그녀는 어디에서 왔니?

self-check

081

넌 어느 나라 사람이니?

Nǐ shì nǎ guó rén
你是哪国人?
你是哪国人?

○○○

082

그는 어느 나라 사람이니?

Tā shì nǎ guó rén
他是哪国人?
他是哪国人?

○○○

083

그녀는 어느 나라 사람이니?

Tā shì nǎ guó rén
她是哪国人?
她是哪国人?

○○○

084

너는 어디에서 왔니?

Nǐ shì cóng nǎr lái de
你是从哪儿来的?
你是从哪儿来的?

○○○

085

그녀는 어디에서 왔니?

Tā shì cóng nǎr lái de
她是从哪儿来的?
她是从哪儿来的?

○○○

√ Check

필수 단어

□ **哪国** nǎ guó 어느 나라, 어느 국가　□ **哪儿** nǎr 어디, 어느 곳　□ **来** lái 오다

我是韩国人。 난 한국인이야.

'是'는 '~이다'라는 뜻으로 동사 '是'를 술어로 쓰는 문장을 '是'자문이라고 해요.
'~가 아니다'라고 말하고 싶을 때는 부정의 형태 '不是'라고 말하면 되겠죠?

 무작정 세 번 듣고 따라 하기

self-check

086

我是**韩**国人。
Wǒ shì Hánguó rén
워 스 한구어 런

난 한국인이야.

087

我是**美**国人。
Wǒ shì Měiguó rén
워 스 메이구어 런

난 미국인이야.

088

他是**中**国人。
Tā shì Zhōngguó rén
타 스 중구어 런

그는 중국인이야.

加拿大 Jiānádà (캐나다), 德国 Déguó (독일), 法国 Fǎguó (프랑스), 意大利 Yìdàlì (이탈리아) 등
다양한 국가를 넣어 입에 붙을 때까지 연습해 보세요.

089

我是**从韩**国来的。
Wǒ shì cóng Hánguó lái de
워 스 총 한구어 라이 더

난 한국에서 왔어.

090

她是**从日本**来的。
Tā shì cóng Rìběn lái de
타 스 총 르번 라이 더

그녀는 일본에서 왔어.

'从~到 Cóng dào'는 '(~에서)부터 ~까지'의 범위를 나타내요. 예를 들어 '오전부터 오후까지'는
'从上午到下午 cóng shàngwǔ dào xiàwǔ'라고 말하죠.

self-check

086 난 한국인이야.

Wǒ shì Hánguó rén
我是韩国人。
我是韩国人。

○○○

087 난 미국인이야.

Wǒ shì Měiguó rén
我是美国人。
我是美国人。

○○○

088 그는 중국인이야.

Tā shì Zhōngguó rén
他是中国人。
他是中国人。

○○○

089 난 한국에서 왔어.

Wǒ shì cóng Hánguó lái de
我是从韩国来的。
我是从韩国来的。

○○○

090 그녀는 일본에서 왔어.

Tā shì cóng Rìběn lái de
她是从日本来的。
她是从日本来的。

○○○

단어 ✓Check

필수
□ **韩国** Hánguó 한국　□ **美国** Měiguó 미국　□ **中国** Zhōngguó 중국　□ **从** cóng ~부터, ~를 기점으로
□ **日本** Rìběn 일본

你做什么工作? 넌 무슨 일을 하니?

상대방의 직업을 알고자 할 때는 '做什么工作?, 무슨 일을 하니?'라고 질문해요.
여기서 '工作 gōngzuò'는 '일, 업무'를 뜻해요.

 무작정 세 번 듣고 따라 하기

self-check

091

你做什么工作?
Nǐ zuò shénme gōngzuò
니 쭈어 션머 꽁쭈어

넌 무슨 일을 하니?

'你做什么工作?'라는 질문에는 '我是○○'이라고 대답해요. 예를 들어 '我是老师 Wǒ shì lǎoshī 난 선생님이야'라고 말해요.

092

他做什么工作?
Tā zuò shénme gōngzuò
타 쭈어 션머 꽁쭈어

그는 무슨 일을 하니?

093

她做什么工作?
Tā zuò shénme gōngzuò
타 쭈어 션머 꽁쭈어

그녀는 무슨 일을 하니?

094

你妈妈做什么工作?
Nǐ māma zuò shénme gōngzuò
니 마마 쭈어 션머 꽁쭈어

어머니는 무슨 일을 하시니?

095

你想做什么工作?
Nǐ xiǎng zuò shénme gōngzuò
니 시앙 쭈어 션머 꽁쭈어

넌 무슨 일을 하고 싶니?

'想 xiǎng'은 '하고 싶다'라는 뜻으로 '你想做什么工作?(넌 무슨 일을 하고 싶니?)'라는 질문에는
'我想当○○. (저는 ○○가 되고 싶습니다.)'라고 대답하면 되겠죠?

self-check

091

넌 무슨 일을 하니?

Nǐ zuò shénme gōngzuò
你做什么工作?
你做什么工作?

092

그는 무슨 일을 하니?

Tā zuò shénme gōngzuò
他做什么工作?
他做什么工作?

093

그녀는 무슨 일을 하니?

Tā zuò shénme gōngzuò
她做什么工作?
她做什么工作?

094

어머니는 무슨 일을 하시니?

Nǐ māma zuò shénme gōngzuò
你妈妈做什么工作?
你妈妈做什么工作?

095

넌 무슨 일을 하고 싶니?

Nǐ xiǎng zuò shénme gōngzuò
你想做什么工作?
你想做什么工作?

✓Check

필수 단어

☐ **做** zuò 하다, 종사하다 ☐ **什么** shénme 무엇, 어떤 ☐ **工作** gōngzuò 일하다, 업무, 일
☐ **想** xiǎng 〜하고 싶다

3과 질문하기

DAY 7

넌 무슨 일을 하니?

你在哪儿工作? 넌 어디에서 일하니?

'你在哪儿工作?'는 '넌 어디에서 일하니?'라는 뜻으로 '你做什么工作?'와 함께 직업을 물어볼 때 사용해요.

무작정 세 번 듣고 따라 하기

self-check

096

你在哪儿工作?
Nǐ zài nǎr gōngzuò
니 짜이 날 꽁쭈어

넌 어디에서 일하니?

'在 zài'는 '~에서'라는 뜻으로 뒤에는 장소가 나와요. 예를 들어 '我在银行工作 Wǒ zài yínháng gōngzuò 난 은행에서 일해'라고 말해요.

097

他在哪儿工作?
Tā zài nǎr gōngzuò
타 짜이 날 꽁쭈어

그는 어디에서 일하니?

098

她在哪儿工作?
Tā zài nǎr gōngzuò
타 짜이 날 꽁쭈어

그녀는 어디에서 일하니?

099

你在哪儿学习?
Nǐ zài nǎr xuéxí
니 짜이 날 쉐시

넌 어디에서 공부하니?

100

他在哪儿吃饭?
Tā zài nǎr chīfàn
타 짜이 날 츠판

그는 어디에서 식사를 하니?

self-check

096

넌 어디에서 일하니?

Nǐ zài nǎr gōngzuò
你在哪儿工作?
你在哪儿工作?

ΔΔΔ

097

그는 어디에서 일하니?

Tā zài nǎr gōngzuò
他在哪儿工作?
他在哪儿工作?

ΔΔΔ

098

그녀는 어디에서 일하니?

Tā zài nǎr gōngzuò
她在哪儿工作?
她在哪儿工作?

ΔΔΔ

099

넌 어디에서 공부하니?

Nǐ zài nǎr xuéxí
你在哪儿学习?
你在哪儿学习?

ΔΔΔ

100

그는 어디에서 식사를 하니?

Tā zài nǎr chī fàn
他在哪儿吃饭?
他在哪儿吃饭?

ΔΔΔ

✔Check

필수 **단어**

☐ **在** zài ~에서, ~에 있다 ☐ **哪儿** nǎr 어디, 어느 곳 ☐ **工作** gōngzuò 일하다, 업무, 일
☐ **学习** xuéxí 배우다, 학습하다 ☐ **吃饭** chī fàn 식사하다

我在银行工作。 난 은행에서 일해.

'你在哪儿工作?(넌 어디에서 일하니?)'라는 질문에는 '我在○○工作。(나는 ○○에서 일해.)'
라고 대답해요.

무작정 세 번 듣고 따라 하기

self-check

101

我在银行工作。
Wǒ zài yínháng gōngzuò
워 짜이 인항 꽁쭈어

난 은행에서 일해.

102

我在图书馆工作。
Wǒ zài túshūguǎn gōngzuò
워 짜이 투슈관 꽁쭈어

난 도서관에서 일해.

'在 zài'는 '~에서'라는 전치사의 쓰임 외에 '~에 있다'라는 동사로도 사용하죠. 예를 들어 '너는 회사
에 있니?'는 '你在公司吗?'라고 질문해요.

103

他在公司工作。
Tā zài gōngsī gōngzuò
타 짜이 꽁스 꽁쭈어

그는 회사에서 일해.

104

她在医院工作。
Tā zài yīyuàn gōngzuò
타 짜이 이위엔 꽁쭈어

그녀는 병원에서 일해.

105

我女朋友在百货商店工作。
Wǒ nǚpéngyou zài bǎihuò shāngdiàn gōngzuò
워 뉘펑여우 짜이 바이훠 샹디엔 꽁쭈어

내 여자친구는 백화점에서 일해.

 우리말을 보고 중국어로 세 번 따라 쓰기

101

난 은행에서 일해.

Wǒ zài yínháng gōngzuò
我在银行工作。
我在银行工作。

102

난 도서관에서 일해.

Wǒ zài túshūguǎn gōngzuò
我在图书馆工作。
我在图书馆工作。

103

그는 회사에서 일해.

Tā zài gōngsī gōngzuò
他在公司工作。
他在公司工作。

104

그녀는 병원에서 일해.

Tā zài yīyuàn gōngzuò
她在医院工作。
她在医院工作。

105

내 여자친구는 백화점에서 일해.

Wǒ nǚpéngyou zài bǎihuò shāngdiàn gōngzuò
我女朋友在百货商店工作。
我女朋友在百货商店工作。

✓Check

단어 필수

☐ **在** zài ~에서, ~에 있다　☐ **工作** gōngzuò 일하다, 업무, 일　☐ **银行** yínháng 은행
☐ **图书馆** túshūguǎn 도서관　☐ **公司** gōngsī 회사　☐ **百货商店** bǎihuò shāngdiàn 백화점
☐ **医院** yīyuàn 병원

你有男朋友吗? 너 남자친구 있니?

'有'는 '있다'라는 뜻을 가진 소유동사로 有가 술어로 쓰이면 뒤에 나오는 목적어를 가지고 있다는 것을 나타내요.

  무작정 세 번 듣고 따라 하기

self-check

106
你有男朋友吗?
Nǐ yǒu nánpéngyou ma
니 요우 난 펑요우 마

너 남자친구 있니?

107
你有女朋友吗?
Nǐ yǒu nǚpéngyou ma
니 요우 뉘 펑요우 마

너 여자친구 있니?

108
他有女朋友吗?
Tā yǒu nǚpéngyou ma
타 요우 뉘 펑요우 마

그는 여자친구 있니?

109
你有没有女朋友?
Nǐ yǒu méi yǒu nǚpéngyou
니 요우 메이 요우 뉘 펑요우

너 여자친구 있니 없니?

'有没有~'는 정반 의문문으로 '~있니 없니?'라는 뜻으로 뒤에 '吗'를 생략한다는 거 잊지 마세요.

110
她有没有男朋友?
Tā yǒu méi yǒu nánpéngyou
타 요우 메이 요우 난 펑요우

그녀는 남자친구 있니 없니?

 우리말을 보고 중국어로 세 번 따라 쓰기

106

너 남자친구 있니?

Nǐ yǒu nánpéngyou ma
你有男朋友吗?
你有男朋友吗?

107

너 여자친구 있니?

Nǐ yǒu nǚpéngyou ma
你有女朋友吗?
你有女朋友吗?

108

그는 여자친구 있니?

Tā yǒu nǚpéngyou ma
他有女朋友吗?
他有女朋友吗?

109

너 여자친구 있니 없니?

Nǐ yǒu méi yǒu nǚpéngyou
你有没有女朋友?
你有没有女朋友?

110

그녀는 남자친구 있니 없니?

Tā yǒu méi yǒu nánpéngyou
她有没有男朋友?
她有没有男朋友?

☑Check

필수 단어
☐ **有** yǒu 있다　☐ **男朋友** nánpéngyou 남자친구　☐ **女朋友** nǚpéngyou 여자친구

我有男朋友。 난 남자친구 있어.

'有'는 존재를 나타내는 동사로 자주 쓰이는 동사이니 꼭 기억해두세요.

무작정 세 번 듣고 따라 하기

self-check

111

我 有 男朋友。
Wǒ yǒu nánpéngyou
워 요우 난 펑요우

난 남자친구 있어.

112

我 有 女朋友。
Wǒ yǒu nǚpéngyou
워 요우 뉘 펑요우

난 여자친구 있어.

113

我 有 孩子。
Wǒ yǒu háizi
워 요우 하이즈

난 아이가 있어.

중국어로 딸은 '女儿 nǚ'ér' 아들은 '儿子 érzi'라고 말해요. '두 딸이 있어요'라고 말하고 싶을 때는
'我有两个女儿' 이라고 대답해요.

114

我 有 钱。
Wǒ yǒu qián
워 요우 치엔

난 돈이 있어.

115

我 有 手机。
Wǒ yǒu shǒujī
워 요우 쇼우지

난 휴대폰이 있어.

111 난 남자친구 있어.

Wǒ yǒu nánpéngyou
我有男朋友。
我有男朋友。

112 난 여자친구 있어.

Wǒ yǒu nǚpéngyou
我有女朋友。
我有女朋友。

113 난 아이가 있어.

Wǒ yǒu háizi
我有孩子。
我有孩子。

114 난 돈이 있어.

Wǒ yǒu qián
我有钱。
我有钱。

115 난 휴대폰이 있어.

Wǒ yǒu shǒujī
我有手机。
我有手机。

✓ Check

필수단어

☐ **孩子** háizi 아이 ☐ **女儿** nǚ'ér 딸 ☐ **儿子** érzi 아들 ☐ **钱** qián 돈 ☐ **手机** shǒujī 휴대폰

3강 질문하기

DAY 8

난 남자친구 있어.

我没有男朋友。 난 남자친구 없어.

'有'를 부정할 때는 부정부사 '不'가 아니라 '没'를 사용해요.

무작정 세 번 듣고 따라 하기

self-check

116
我没有男朋友。
Wǒ méiyǒu nánpéngyou
워 메이요우 난 펑요우

난 남자친구 없어.

117
我没有女朋友。
Wǒ méiyǒu nǚpéngyou
워 메이요우 뉘 펑요우

난 여자친구 없어.

118
我没有车。
Wǒ méiyǒu chē
워 메이요우 처

난 자동차가 없어.

119
我没有钱。
Wǒ méiyǒu qián
워 메이요우 치엔

난 돈이 없어.

120
我没有孩子。
Wǒ méiyǒu háizi
워 메이요우 하이즈

난 아이가 없어.

중국어의 부정에는 '不'와 '没'가 있어요. '不'는 '~하지 않는다'의 뜻으로 주관적인 바람이나 의지를 부정하는 반면 '没'는 '~하지 않았다'라는 뜻으로 과거 사실을 부정해요.

116

난 남자친구 없어.

Wǒ méiyǒu nánpéngyou
我没有男朋友。
我没有男朋友。

◊◊◊

117

난 여자친구 없어.

Wǒ méiyǒu nǚpéngyou
我没有女朋友。
我没有女朋友。

◊◊◊

118

난 자동차가 없어.

Wǒ méiyǒu chē
我没有车。
我没有车。

◊◊◊

119

난 돈이 없어.

Wǒ méiyǒu qián
我没有钱。
我没有钱。

◊◊◊

120

난 아직 아이가 없어.

Wǒ méiyǒu háizi
我还没有孩子。
我还没有孩子。

◊◊◊

✓Check

필수 단어

☐ **没有** méiyǒu 없다　　☐ **钱** qián 돈　　☐ **孩子** háizi 아이

3강 질문하기

DAY 8

난 남자친구 없어.

你喜欢什么颜色? 넌 어떤 색을 좋아하니?

'喜欢'은 '좋아하다'라는 뜻으로 '你喜欢什么○○?'은 '너는 어떤 ○○을 좋아하니?'라는 표현이죠.
정말 자주 쓰는 표현이니 꼭 기억해두세요.

무작정 세 번 듣고 따라 하기

self-check

121

你喜欢什么颜色?
Nǐ xǐhuan shénme yánsè
니 시환 션머 옌써

넌 어떤 색을 좋아하니?

'颜色'의 한글 독음은 '안색'이지만 '색깔'이라는 뜻이 있어요. '안색, 얼굴빛, 기색'을 뜻하는 중국어는
'脸色 liǎnsè'이므로 혼동하지 않도록 주의하세요.

122

你喜欢什么运动?
Nǐ xǐhuan shénme yùndòng
니 시환 션머 윈똥

넌 어떤 운동을 좋아해?

123

她喜欢什么音乐?
Tā xǐhuan shénme yīnyuè
타 시환 션머 인위에

그녀는 어떤 음악을 좋아하니?

124

他喜欢什么酒?
Tā xǐhuan shénme jiǔ
타 시환 션머 지우

그는 어떤 술을 좋아하니?

125

你喜欢什么电视节目?
Nǐ xǐhuan shénme diànshì jiémù
니 시환 션머 디엔쓰 지에무

넌 어떤 TV 프로그램을 좋아하니?

121

넌 어떤 색을 좋아하니?

Nǐ xǐhuan shénme yánsè
你喜欢什么颜色?
你喜欢什么颜色?

122

넌 어떤 운동을 좋아해?

Nǐ xǐhuan shénme yùndòng
你喜欢什么运动?
你喜欢什么运动?

123

그녀는 어떤 음악을 좋아하니?

Tā xǐhuan shénme yīnyuè
她喜欢什么音乐?
她喜欢什么音乐?

124

그는 어떤 술을 좋아하니?

Tā xǐhuan shénme jiǔ
他喜欢什么酒?
他喜欢什么酒?

125

넌 어떤 TV 프로그램을 좋아하니?

Nǐ xǐhuan shénme diànshì jiémù
你喜欢什么电视节目?
你喜欢什么电视节目?

 √Check

필수
- □ **喜欢** xǐhuan 좋아하다　□ **什么** shénme 무슨, 어떤　□ **颜色** yánsè 색깔, 색　□ **运动** yùndòng 운동
- □ **音乐** yīnyuè 음악　□ **酒** jiǔ 술　□ **电视节目** diànshì jiémù TV 프로그램

3강 질문하기

DAY 9

넌 어떤 색을 좋아하니?

我喜欢红色。 난 빨간색을 좋아해

'我喜欢你(난 널 좋아해)'처럼 '나는 ○○를 좋아해'라고 말하고 싶을 때는 '我喜欢○○'이라고 말해요.

 무작정 세 번 듣고 따라 하기

self-check

126

我喜欢红色。
Wǒ xǐhuan hóngsè
워 시환 홍써

난 빨간색을 좋아해

중국인들은 돈과 행운을 뜻하는 빨간색과 노랑색을 좋아해요. 중국에서 빨간색은 '红'은 '빨갛다'라는 의미 외에도 '번창하다', '인기가 있다'라는 뜻이 있어요.

127

我喜欢黑色。
Wǒ xǐhuan hēisè
워 시환 헤이써

난 검정색을 좋아해.

128

我喜欢星期五。
Wǒ xǐhuan xīngqīwǔ
워 시환 싱치우

난 금요일을 좋아해.

129

我喜欢唱歌。
Wǒ xǐhuan chàng gē
워 시환 창 꺼

난 노래하는 것을 좋아해.

130

他喜欢看电视。
Tā xǐhuan kàn diànshì
타 시환 칸 디엔쓰

그는 텔레비전 보는 것을 좋아해.

self-check

126

난 빨간색을 좋아해

Wǒ xǐhuan hóngsè
我喜欢红色。
我喜欢红色。

127

난 검정색을 좋아해.

Wǒ xǐhuan hēisè
我喜欢黑色。
我喜欢黑色。

128

난 금요일을 좋아해.

Wǒ xǐhuan xīngqīwǔ
我喜欢星期五。
我喜欢星期五。

129

난 노래하는 것을 좋아해.

Wǒ xǐhuan chàng gē
我喜欢唱歌。
我喜欢唱歌。

130

그는 텔레비전 보는 것을 좋아해.

Tā xǐhuan kàn diànshì
他喜欢看电视。
他喜欢看电视。

✓Check

필수

- ☐ **喜欢** xǐhuan 좋아하다   ☐ **红色** hóngsè 빨간색   ☐ **黑色** hēisè 검은색   ☐ **唱歌** chàng gē 노래 부르다
- ☐ **看电视** kàn diànshì 텔레비전을 보다

我不喜欢喝酒。 난 술 마시는 거 싫어해.

'싫어하다'는 '喜欢'에 부정부사 '不'를 붙여 '不喜欢'이라고 말합니다.

무작정 세 번 듣고 따라 하기

self-check

131
我不喜欢喝酒。
Wǒ bù xǐhuan hējiǔ
워 부 시환 허지우

난 술 마시는 거 싫어해.

132
我不喜欢学习。
Wǒ bù xǐhuan xuéxí
워 부 시환 쉐시

난 공부하는 거 싫어해.

133
我不喜欢旅游。
Wǒ bù xǐhuan lǚyóu
워 부 시환 뤼여우

나는 여행하는 거 싫어해.

134
他不喜欢逛街。
Tā bù xǐhuan guàngjiē
타 부 시환 꽝찌에

그는 쇼핑하는 거 싫어해.

135
她不喜欢做运动。
Tā bù xǐhuan zuò yùndòng
타 부 시환 쭈어 윈똥

그녀는 운동하는 거 싫어해.

일반적으로 '운동하다'라고 말할 때는 '做(~하다)'를 붙여 '做运动'이라고 말해요.

 우리말을 보고 중국어로 세 번 따라 쓰기

131

난 술 마시는 거 싫어해.

Wǒ bù xǐhuan hējiǔ
我不喜欢喝酒。
我不喜欢喝酒。

132

난 공부하는 거 싫어해.

Wǒ bù xǐhuan xuéxí
我不喜欢学习。
我不喜欢学习。

133

나는 여행하는 거 싫어해.

Wǒ bù xǐhuan lǚyóu
我不喜欢旅游。
我不喜欢旅游。

134

그는 쇼핑하는 거 싫어해.

Tā bù xǐhuan guàngjiē
他不喜欢逛街。
他不喜欢逛街。

135

그녀는 운동하는 거 싫어해.

Tā bù xǐhuan zuò yùndòng
她不喜欢做运动。
她不喜欢做运动。

 ✓Check

필수

- [ ] **喝酒** hējiǔ 술을 마시다　[ ] **学习** xuéxí 공부하다　[ ] **旅游** lǚyóu 여행하다
- [ ] **逛街** guàngjiē 쇼핑하다　[ ] **做运动** zuò yùndòng 운동을 하다

现在七点。 지금 7시야.

'现在几点? 지금 몇 시야?'라는 시간을 묻는 말에는 '现在〇点'이라고 대답해요. '点 diǎn'은
'시', '分 fēn'은 '분'을 뜻합니다.

 무작정 세 번 듣고 따라 하기

self-check

136

现在七点。
Xiànzài qī diǎn
시엔짜이 치 디엔

지금 7시야.

137

现在六点十分。
Xiànzài liù diǎn shí fēn
시엔짜이 리우 디엔 스 펀

지금 6시 10분이야.

138

现在四点十五分。
Xiànzài sì diǎn shí wǔ fēn
시엔짜이 쓰 디엔 스우 펀

지금 4시 15분이야.

139

现在九点三十分。
Xiànzài jiǔ diǎn sān shí fēn
시엔짜이 지우 디엔 싼스 펀

지금 9시 30분이야.

140

现在十二点二十五分。
Xiànzài shí èr diǎn èr shí wǔ fēn
시엔짜이 스얼 디엔 얼스우 펀

지금 12시 25분이야.

'시, 분, 초'는 중국어로 '点 diǎn, 分 fēn, 秒 miǎo'라고 말해요. 일반적으로 마지막 시간 단위는 생략하고
말하죠.

 우리말을 보고 중국어로 세 번 따라 쓰기

136

지금 7시야.

Xiànzài qī diǎn
现在七点。
现在七点。

137

지금 6시 10분이야.

Xiànzài liù diǎn shí fēn
现在六点十分。
现在六点十分。

138

지금 4시 15분이야.

Xiànzài sì diǎn shí wǔ fēn
现在四点十五分。
现在四点十五分。

139

지금 9시 30분이야.

Xiànzài jiǔ diǎn sān shí fēn
现在九点三十分。
现在九点三十分。

140

지금 12시 25분이야.

Xiànzài shí èr diǎn èr shí wǔ fēn
现在十二点二十五分。
现在十二点二十五分。

✓Check

필수 단어

☐ **现在** xiànzài 지금, 현재　☐ **点** diǎn 시　☐ **分** fēn 분

三点半。 3시 반이야.

'半 bàn'은 '30분'을 말하며 '三十分 sān shí fēn' 대신 사용하기도 해요.

무작정 세 번 듣고 따라 하기

self-check

141

三点半。
Sān diǎn bàn
싼 디엔 빤

3시 반이야.

142

两点半。
Liǎng diǎn bàn
량 디엔 빤

2시 반이야.

'二 èr'과 '两 liǎng'은 모두 숫자 2를 뜻해요. 숫자나 번호를 말할 때는 '二'을 사용하고 양사나 단위
가 붙을 때는 '两'을 사용하죠.

143

八点半。
Bā diǎn bàn
빠 디엔 빤

8시 반이야.

144

九点半。
Jiǔ diǎn bàn
지우 디엔 빤

9시 반이야.

145

十点半。
Shí diǎn bàn
스 디엔 빤

10시 반이야.

 **우리말을 보고 중국어로 세 번 따라 쓰기**

141

3시 반이야.

Sān diǎn bàn
三点半。
三点半。

142

2시 반이야.

Liǎng diǎn bàn
两点半。
两点半。

143

8시 반이야.

Bā diǎn bàn
八点半。
八点半。

144

9시 반이야.

Jiǔ diǎn bàn
九点半。
九点半。

145

10시 반이야.

Shí diǎn bàn
十点半。
十点半。

✓Check

필수 단어

☐ **点** diǎn 시　☐ **半** bàn 30분, 반

4강 시간·날짜·날씨 물어보기

DAY 10

3시 반이야.

七点一刻。 7시 15분이야.

'刻'는 '15분'이라는 시간을 나타내는 단위죠. 15분(十五分)은 '一刻', 45분(四十五分)은 '三刻' 라고도 말할 수 있습니다. 그러나 30분은 '两刻'라고 말하지 않는다는 거 꼭 기억해두세요.

무작정 세 번 듣고 따라 하기

self-check

146
七点一刻。
Qī diǎn yí kè
치 디엔 이커

7시 15분이야.

147
四点一刻。
Sì diǎn yí kè
스 디엔 이커

4시 15분이야.

148
八点一刻。
Bā diǎn yí kè
빠 디엔 이커

8시 15분이야.

'一 yī'는 원래 1성이지만 1, 2, 3성 앞에서는 4성으로, 4성, 4성이 경성으로 변한 글자 앞에서는 2성 으로 발음해요.

149
十点三刻。
Shí diǎn sān kè
스 디엔 싼커

10시 45분이야.

150
十二点三刻。
Shí èr diǎn sān kè
스얼 디엔 싼커

12시 45분이야.

 우리말을 보고 중국어로 세 번 따라 쓰기

self-check

146

7시 15분이야.

Qī diǎn yí kè
七点一刻。
七点一刻。

△△△

147

4시 15분이야.

Sì diǎn yí kè
四点一刻。
四点一刻。

△△△

148

8시 15분이야.

Bā diǎn yí kè
八点一刻。
八点一刻。

△△△

149

10시 45분이야.

Shí diǎn sān kè
十点三刻。
十点三刻。

△△△

150

12시 45분이야.

Shí èr diǎn sān kè
十二点三刻。
十二点三刻。

△△△

✔Check

단어
필수

□ **点** diǎn 시 □ **一刻** yíkè 15분 □ **三刻** sānkè 45분

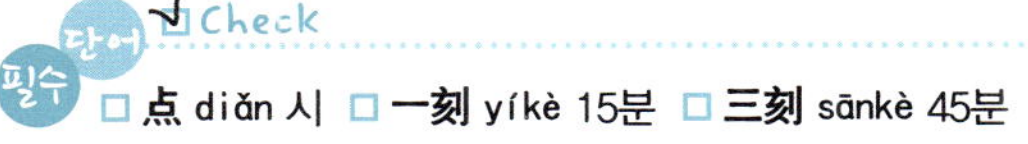

差五分十二点。 12시 5분 전이야.

'差'는 '모자라다'라는 뜻으로 'O분 전'은 差뒤에 시간을 붙여 '差O分'으로 말합니다.

무작정 세 번 듣고 따라 하기

self-check

151
差**五**分**十二**点。
Chà wǔ fēn shí'èr diǎn
차 우 펀 스얼 디엔

12시 5분 전이야.

152
差**十**分**两**点。
Chà shí fēn liǎng diǎn
차 스 펀 량 디엔

2시 10분 전이야.

153
差**五**分**十**点。
Chà wǔ fēn shí diǎn
차 우 펀 스 디엔

10시 5분 전이야.

154
差**一刻六**点。
Chà yí kè liù diǎn
차 이커 리우 디엔

6시 15분 전이야.

155
差**一刻九**点。
Chà yí kè jiǔ diǎn
차 이커 지우 디엔

9시 15분 전이야.

시간을 정확하게 표현하기 위해서는 시간 앞에 아침, 오전, 오후 등 시점을 넣어 말해요.

아침	오전	정오	오후	저녁
早上	上午	中午	下午	晚上
zǎoshang	shàngwǔ	zhōngwǔ	xiàwǔ	wǎnshang

self-check

151

12시 5분 전이야.

Chà wǔ fēn shí'èr diǎn
差五分十二点。
差五分十二点。

○○○

152

2시 10분 전이야.

Chà shí fēn liǎng diǎn
差十分两点。
差十分两点。

○○○

153

10시 5분 전이야.

Chà wǔ fēn shí diǎn
差五分十点。
差五分十点。

○○○

154

6시 15분 전이야.

Chà yí kè liù diǎn
差一刻六点。
差一刻六点。

○○○

155

9시 15분 전이야.

Chà yí kè jiǔ diǎn
差一刻九点。
差一刻九点。

○○○

4강 시간·날짜·날씨 말하기

DAY 11

12시 5분 전이야.

✓ Check

□ **差** chà 부족하다, 모자라다　□ **分** fēn 분　□ **点** diǎn 시　□ **一刻** yíkè 15분

 DAY 11

你几点上学? 년 몇 시에 학교 가니?

'你几点○○?'는 '넌 몇 시에 ○○를 하니?'라는 뜻입니다.
이 질문에는 '我○点○○。(난 ○시에 ○○를 해)'라고 대답할 수 있어요.

 무작정 세 번 듣고 따라 하기

self-check

156
你几点上学?
Nǐ jǐ diǎn shàngxué
니 지 디엔 샹쉐

넌 몇 시에 학교 가니?

157
你几点上班?
Nǐ jǐ diǎn shàngbān
니 지 디엔 샹빤

넌 몇 시에 출근하니?

158
你几点吃饭?
Nǐ jǐ diǎn chīfàn
니 지 디엔 츠판

넌 몇 시에 밥을 먹니?

159
他几点下班?
Tā jǐ diǎn xiàbān
타 지 디엔 시아빤

그는 몇 시에 퇴근하니?

160
她几点睡觉?
Tā jǐ diǎn shuìjiào
타 지 디엔 쉐이쨔오

그녀는 몇 시에 자니?

'什么时候 shénme shíhou' 역시 시간을 묻고자 할 때 사용하죠. '什么时候'는 '언제, 어느 때'라는 뜻으로
'几点 몇 시'보다 범위가 더 넓어요.
ex) 他什么时候回国? Tā shénme shíhou huíguó 그는 언제 귀국하니?
　　他下个月回国。Tā xiàgeyuè huíguó 그는 다음 달에 귀국해.

self-check

156

넌 몇 시에 학교 가니?

Nǐ jǐ diǎn shàngxué
你几点上学？
你几点上学？

157

넌 몇 시에 출근하니?

Nǐ jǐ diǎn shàngbān
你几点上班？
你几点上班？

158

넌 몇 시에 밥을 먹니?

Nǐ jǐ diǎn chīfàn
你几点吃饭？
你几点吃饭？

159

그는 몇 시에 퇴근하니?

Tā jǐ diǎn xiàbān
他几点下班？
他几点下班？

160

그녀는 몇 시에 자니?

Tā jǐ diǎn shuìjiào
她几点睡觉？
她几点睡觉？

4강 시간·날짜·날씨 말하기

DAY 11

넌 몇 시에 학교 가니?

단어 ✓Check

필수
- 几点 jǐ diǎn 몇 시 □ 上学 shàngxué 등교하다 □ 上班 shàngbān 출근하다
- 吃饭 chīfàn 밥을 먹다 □ 下班 xiàbān 퇴근하다 □ 睡觉 shuìjiào 잠을 자다

你什么时候来? 넌 언제 오니?

'什么时候 shénme shíhou'는 '언제'라는 뜻을 가진 의문사입니다. '什么'라는 의문사가 있기 때문에 뒤에 '吗'를 붙이지 않아요.

 무작정 세 번 듣고 따라 하기

self-check

161
你什么时候来?
Nǐ shénme shíhou lái
니 션머 스허우 라이

넌 언제 오니?

162
你什么时候去?
Nǐ shénme shíhou qù
니 션머 스허우 취

넌 언제 가니?

163
你什么时候有空?
Nǐ shénme shíhou yǒu kòng
니 션머 스허우 요우 콩

넌 언제 시간 있니?

'空 kòng'은 '짬, 공간'이라는 뜻으로 '시간이 있니?'라고 물을 때는 '你有空吗? nǐ yǒu kòng ma' 라고 말해요.

164
什么时候关门?
Shénme shíhou guānmén
션머 스허우 꽌먼

언제 문을 닫나요?

165
他昨天什么时候回来的?
Tā zuótiān shénme shíhou huílái de
타 주어티엔 션머 스허우 훼이라이 더

그는 어제 언제 돌아왔니?

self-check

161

넌 언제 오니?

Nǐ shénme shíhou lái
你什么时候来？
你什么时候来？

162

넌 언제 가니?

Nǐ shénme shíhou qù
你什么时候去？
你什么时候去？

163

넌 언제 시간 있니?

Nǐ shénme shíhou yǒu kòng
你什么时候有空？
你什么时候有空？

164

언제 문을 닫나요?

Shénme shíhou guānmén
什么时候关门？
什么时候关门？

165

그는 어저 언제 돌아왔니?

Tā zuótiān shénme shíhou huílái de
他昨天什么时候回来的？
他昨天什么时候回来的？

4강 시간·날짜·날씨 말하기

DAY 11

넌 언제 오니?

✓Check

단어

필수

☐ **什么时候** shénme shíhou 언제　☐ **来** lái 오다　☐ **去** qù 가다　☐ **有空** yǒukòng 시간이 있다
☐ **关门** guānmén 문을 닫다　☐ **昨天** zuótiān 어제　☐ **回来** huílái 돌아오다

今天几月几号? 오늘이 몇 월 며칠이니?

연도, 월, 일을 물어볼 때는 의문사 '几'를 사용합니다. 중국어로 '년, 월, 일'은 '年 nián, 月 yuè, 日 rì' 라고 말합니다. 그러나 구어체에서는 '日 rì'가 아니라 '号 hào'를 사용하여 표현합니다.

  무작정 세 번 듣고 따라 하기

self-check

166

今天几月几号?
Jīntiān jǐ yuè jǐ hào
진티엔 지 위에 지 하오

오늘이 몇 월 며칠이니?

167

明天几月几号?
Míngtiān jǐ yuè jǐ hào
밍티엔 지 위에 지 하오

내일은 몇 월 며칠이니?

168

你的生日是几月几号?
Nǐ de shēngrì shì jǐ yuè jǐ hào
니 더 성르 쓰 지 위에 지 하오

너의 생일은 몇 월 며칠이니?

169

今天几号?
Jīntiān jǐ hào
진티엔 지 하오

오늘 며칠이니?

170

下个星期五是几号?
Xià ge xīngqīwǔ shì jǐ hào
씨아거 싱치우 쓰 지 하오

다음 주 금요일이 며칠이니?

지난 주	이번 주	다음 주
上个星期 shàng ge xīngqī	**这个星期** zhè ge xīngqī	**下个星期** xià ge xīngqī
지난 달	이번 달	다음 달
上个月 shàng ge yuè	**这个月** zhè ge yuè	**下个月** xià ge yuè

self-check

166

오늘이 몇 월 며칠이니?

Jīntiān jǐ yuè jǐ hào
今天几月几号?
今天几月几号?

167

내일은 몇 월 며칠이니?

Míngtiān jǐ yuè jǐ hào
明天几月几号?
明天几月几号?

168

너의 생일은 몇 월 며칠이니?

Nǐ de shēngrì shì jǐ yuè jǐ hào
你的生日是几月几号?
你的生日是几月几号?

169

오늘 며칠이니?

Jīntiān jǐ hào
今天几号?
今天几号?

170

다음 주 금요일이 며칠이니?

Xià ge xīngqīwǔ shì jǐ hào
下个星期五是几号?
下个星期五是几号?

4강 시간·날짜·날씨 말하기

DAY 12

오늘이 몇 월 며칠이니?

필수 단어 ✓Check

□ **今天** jīntiān 오늘　□ **月** yuè 월　□ **号** hào 일, 날짜　□ **生日** shēngrì 생일　□ **下** xià 다음
□ **星期五** xīngqīwǔ 금요일

DAY 12 今天九月三号。 오늘은 9월 3일이야.

'今天几月几号?'라는 질문에는 '今天〇月〇号'라고 대답해요. 물론 '今天' 대신에 내일, 모레 등 다양한 시간사가 올 수 있겠죠?

 무작정 세 번 듣고 따라 하기

171 

今天九月三号。
Jīntiān jiǔ yuè sān hào
진티엔 지우 위에 싼 하오

오늘은 9월 3일이야.

> 명사 술어문이란 명사, 명사구, 수량사가 술어로 쓰인 문장입니다. 위 문장과 같은 긍정문에서는 '是' 동사를 생략하지만 부정문에서는 반드시 '不是'가 필요해요.

172

明天十月八号。
Míngtiān shí yuè bā hào
밍티엔 스 위에 빠 하오

내일은 10월 8일이야.

173

后天十二月二十五号。
Hòutiān shí'èr yuè èrshí wǔ hào
허우티엔 쓰얼 위에 얼스우 하오

모레는 12월 25일이야.

174

我的生日是九月三十号。
Wǒ de shēngrì shì jiǔ yuè sān shí hào
워더 셩르 쓰 지우 위에 싼스 하오

내 생일은 9월 30일이야.

175

前天十六号。
Qiántiān shí liù hào
치엔티엔 스 리우 하오

그제는 16일이었어.

우리말을 보고 중국어로 세 번 따라 쓰기

171 오늘은 9월 3일이야.

Jīntiān jiǔ yuè sān hào
今天九月三号。
今天九月三号。

172 내일은 10월 8일이야.

Míngtiān shí yuè bā hào
明天十月八号。
明天十月八号。

173 모레는 12월 25일이야.

Hòutiān shí'èr yuè èrshí wǔ hào
后天十二月二十五号。
后天十二月二十五号。

174 내 생일은 9월 30일이야.

Wǒ de shēngrì shì jiǔ yuè sān shí hào
我的生日是九月三十号。
我的生日是九月三十号。

175 그제는 16일이었어.

Qiántiān shí liù hào
前天十六号。
前天十六号。

4강 시간 · 날짜 · 날씨 말하기

DAY 12

오늘은 9월 3일이야.

✓ Check

단어 / 필수

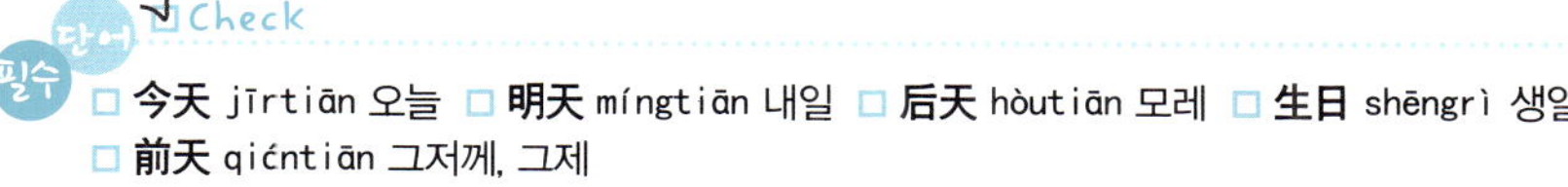

☐ **今天** jīntiān 오늘 ☐ **明天** míngtiān 내일 ☐ **后天** hòutiān 모레 ☐ **生日** shēngrì 생일
☐ **前天** qiántiān 그저께, 그제

今天星期几? 오늘은 무슨 요일이니?

'星期 xīngqī'는 '주, 요일'이라는 뜻으로 요일을 물을 때는 '星期几?'라고 물어요.
'星期 xīngqī'대신에 '礼拜 lǐbài'를 쓰기도 한답니다.

 무작정 세 번 듣고 따라 하기

self-check

176

今天星期几?
Jīntiān xīngqī jǐ
진티엔 싱치 지

오늘은 무슨 요일이니?

177

七月一号(是)星期几?
Qī yuè yī hào (shì) xīngqī jǐ
치 위에 이 하오 (스) 싱치 지

7월 1일은 무슨 요일이니?

178

今天星期六。
Jīntiān xīngqī liù
진티엔 싱치 리우

오늘은 토요일이야.

월요일	星期一 Xīngqīyī	화요일	星期二 Xīngqī'èr
수요일	星期三 Xīngqīsān	목요일	星期四 Xīngqīsì
금요일	星期五 Xīngqīwǔ	토요일	星期六 Xīngqīliù
일요일	星期天，星期日 Xīngqītiān, Xīngqīrì		

179

明天星期一。
Míngtiān xīngqī yī
밍티엔 싱치 이

내일은 월요일이야.

180

后天星期四。
Hòutiān xīngqī sì
허우티엔 싱치 쓰

모레는 목요일이야.

 우리말을 보고 중국어로 세 번 따라 쓰기

self-check

176

오늘은 무슨 요일이니?

Jīntiān xīngqī jǐ
今天星期几?
今天星期几?

○○○

177

7월 1일은 무슨 요일이니?

Qī yuè yī hào(shì) xīngqī jǐ
七月一号(是)星期几?
七月一号(是)星期几?

○○○

178

오늘은 토요일이야.

Jīntiān xīngqī liù
今天星期六。
今天星期六。

○○○

179

내일은 월요일이야.

Míngtiān xīngqī yī
明天星期一。
明天星期一。

○○○

180

모레는 목요일이야.

Hòutiān xīngqī sì
后天星期四。
后天星期四。

○○○

 ✔Check

필수 단어

☐ **星期** xīngqī 주, 요일　☐ **今天** jīntiān 오늘　☐ **明天** míngtiān 내일　☐ **后天** hòutiān 모레

4강 시간·날짜·날씨 말하기

DAY 12

오늘은 무슨 요일이니?

今天天气怎么样? 오늘 날씨 어때?

'今天天气怎么样?'은 날씨가 어떤지 물어볼 때 사용하는 표현입니다.
날씨를 말하는 다양한 표현에 대해 알아봅시다.

무작정 세 번 듣고 따라 하기

self-check

181

今天天气怎么样?
Jīntiān tiānqì zěnmeyàng
진티엔 티엔치 전머양

오늘 날씨 어때?

> '怎么样'은 '어떻다, 어떠하다'라는 뜻으로 보통 문장의 끝에서 많이 사용해요.

182

明天天气怎么样?
Míngtiān tiānqì zěnmeyàng
밍티엔 티엔치 전머양

내일 날씨 어때?

183

今天天气很好。
Jīntiān tiānqì hěn hǎo
진티엔 티엔치 헌 하오

오늘 날씨 좋아.

184

今天天气不冷。
Jīntiān tiānqì bù lěng
진티엔 티엔치 부 렁

오늘은 춥지 않아.

185

外边风大雨大。
Wàibiān fēng dà yǔ dà
와이비엔 펑 따 위 따

밖에 바람이 많이 불고 비도 많이 와.

 우리말을 보고 중국어로 세 번 따라 쓰기

181

오늘 날씨 어때?

Jīntiān tiānqì zěnmeyàng
今天天气怎么样?
今天天气怎么样?

182

내일 날씨 어때?

Míngtiān tiānqì zěnmeyàng
明天天气怎么样?
明天天气怎么样?

183

오늘 날씨 좋아.

Jīntiān tiānqì hěn hǎo
今天天气很好。
今天天气很好。

184

오늘은 춥지 않아.

Jīntiān tiānqì bù lěng
今天天气不冷。
今天天气不冷。

185

밖에 바람이 많이 불고 비도 많이 와.

Wàibiān fēng dà yǔ dà
外边风大雨大。
外边风大雨大。

√Check

필수 □ 天气 tiānqì 날씨　□ 怎么样 zěnmeyàng 어떻다, 어떠하다　□ 冷 lěng 춥다

外边在下雨。

밖에 비가 내리는 중이야.

'正在', '正', '在'를 동사 앞에 붙이면 동작의 진행을 나타내요. 진행형의 부정은 동사 앞에 '没(有)'를 붙이면 됩니다.

무작정 세 번 듣고 따라 하기

self-check

186
外边在下雨。
Wàibiān zài xià yǔ
와이비엔 짜이 시아 위

밖에 비가 내리는 중이야.

187
外边在下雪呢。
Wàibiān zài xià xuě ne
와이비엔 짜이 시아 쉐 너

밖에 눈이 내리는 중이야.

동작의 진행 중임을 나타낼 때 문장 끝에 '呢 ne'를 붙이기도 해요. 앞에 '正在', '正', '在'와 함께 사용해도 됩니다.

188
外边在刮风。
Wàibiān zài guā fēng
와이비엔 짜이 꽈 펑

밖에 바람이 부는 중이야.

189
他正在学习。
Tā zhèngzài xué xí
타 쩡짜이 쉐 시

그는 공부 중이야.

190
她正在吃饭。
Tā zhèngzài chī fàn
타 쩡짜이 츠 판

그녀는 식사 중이야.

우리말을 보고 중국어로 세 번 따라 쓰기

186

밖에 비가 내리는 중이야.

Wàibiān zài xià yǔ
外边在下雨。
外边在下雨。

○○○

187

밖에 눈이 내리는 중이야.

Wàibiān zài xià xuě ne
外边在下雪呢。
外边在下雪呢。

○○○

188

밖에 바람이 부는 중이야.

Wàibiān zài guā fēng
外边在刮风。
外边在刮风。

○○○

189

그는 공부 중이야.

Tā zhèngzài xué xí
他正在学习。
他正在学习。

○○○

190

그녀는 식사 중이야.

Tā zhèngzài chī fàn
她正在吃饭。
她正在吃饭。

○○○

✓Check 단어 필수

□ **外边** Wàibiān 바깥　□ **下雨** xiàyǔ 비가 내리다　□ **下雪** xiàxuě 눈이 내리다

□ **刮风** guāfēng 바람이 불다　□ **学习** xuéxí 공부하다　□ **吃饭** chīfàn 밥을 먹다

4강 시간·날짜·날씨 말하기

DAY 13

밖에 비가 내리는 중이야.

外边下不下雨? 밖에 비가 오니 오지 않니?

'주어+술어+不+술어'는 정반 의문문으로 중국어에서 많이 사용되는 표현이니 꼭 기억해두세요.

무작정 세 번 듣고 따라 하기

self-check

191

外边下不下雨?
Wàibiān xià bù xià yǔ
와이비엔 씨아 부 씨아 위

밖에 비가 오니 오지 않니?

192

外边冷不冷?
Wàibiān lěng bù lěng
와이비엔 렁 부 렁

밖에 춥니 춥지 않니?

193

你喝不喝咖啡?
Nǐ hē bù hē kāfēi
니 허 부 허 카페이

너 커피 마실래 안 마실래?

194

你去不去北京?
Nǐ qù bú qù Běijīng
니 취 부 취 베이징

넌 북경을 가니 가지 않니?

195

他去不去上海?
Tā qù bú qù Shànghǎi
타 취 부 취 상하이

그는 상해를 가니 안 가니?

self-check

191

밖에 비가 오니 오지 않니?

Wàibiān xià bù xià yǔ
外边下不下雨?
外边下不下雨?

192

밖에 춥니 춥지 않니?

Wàibiān lěng bù lěng
外边冷不冷?
外边冷不冷?

193

너 커피 마실래 안 마실래?

Nǐ hē bù hē kāfēi
你喝不喝咖啡?
你喝不喝咖啡?

194

넌 북경을 가니 가지 않니?

Nǐ qù bú qù Běijīng
你去不去北京?
你去不去北京?

195

그는 상해를 가니 안 가니?

Tā qù bú qù Shànghǎi
他去不去上海?
他去不去上海?

✓ Check

필수 단어

☐ **喝** hē 마시다 ☐ **咖啡** kāfēi 커피 ☐ **北京** Běijīng 베이징, 북경 ☐ **上海** Shànghǎi 상하이, 상해

银行在哪儿? 은행은 어디에 있니?

'在'는 '~에서'라는 전치사 외에 '~에 있다'라는 동사로도 쓰입니다. 'OO在哪儿?'은 길을
물을 때 자주 사용하는 표현입니다.

무작정 세 번 듣고 따라 하기

self-check

196

银行在哪儿?
Yínháng zài nǎr
인항 짜이 날

은행은 어디에 있니?

일반적으로 '请问 Qǐng wèn'(실례합니다. 말씀 좀 묻겠습니다)이라 먼저 말한 뒤 가고자 하는 곳을 물어봅니다.

197

医院在哪儿?
Yīyuàn zài nǎr
이위엔 짜이 날

병원은 어디에 있니?

198

图书馆在哪儿?
Túshūguǎn zài nǎr
투슈관 짜이 날

도서관은 어디에 있니?

199

公园在哪儿?
Gōngyuán zài nǎr
공위엔 짜이 날

공원은 어디에 있니?

200

书店在哪儿?
Shūdiàn zài nǎr
슈디엔 짜이 날

서점은 어디에 있니?

self-check

196

은행은 어디에 있니?

Yínháng zài nǎr
银行在哪儿?
银行在哪儿?

○○○

197

병원은 어디에 있니?

Yīyuàn zài nǎr
医院在哪儿?
医院在哪儿?

○○○

198

도서관은 어디에 있니?

Túshūguǎn zài nǎr
图书馆在哪儿?
图书馆在哪儿?

○○○

199

공원은 어디에 있니?

Gōngyuán zài nǎr
公园在哪儿?
公园在哪儿?

○○○

200

서점은 어디에 있니?

Shūdiàn zài nǎr
书店在哪儿?
书店在哪儿?

○○○

5강 장소와 길 묻기

DAY 14

은행은 어디에 있니?

√Check

단어

필수

□ **银行** Yínháng 은행 □ **医院** Yīyuàn 병원 □ **图书馆** Túshūguǎn 도서관 □ **公园** Gōngyuán 공원
□ **书店** Shūdiàn 서점

在医院旁边。 병원 옆에 있어.

사물/사람이 장소에 존재함을 나타낼 때 '在'를 사용해 말합니다. 옆쪽, 앞쪽, 뒤쪽 등 방위를 나타내는 다양한 방위사에 대해 알아볼까요?

 무작정 세 번 듣고 따라 하기

self-check

201
在银行旁边。
Zài Yínháng pángbiān
짜이 인항 팡비엔

은행 옆에 있어.

202
在医院旁边。
Zài Yīyuàn pángbiān
짜이 이위엔 팡비엔

병원 옆에 있어.

203
在星巴克旁边。
Zài Xīngbākè pángbiān
짜이 싱바커 팡비엔

스타벅스 옆에 있어.

204
在图书馆前边。
Zài Túshūguǎn qiánbian
짜이 투슈관 치엔비엔

도서관 앞에 있어.

205
在我家后边。
Zài wǒ jiā hòubian
짜이 워 지아 호우비엔

우리집 뒤에 있어.

위쪽 上边 Shàngbian, 아래쪽 下边 Xiàbian, 안쪽 里边 lǐbian, 바깥쪽 外边 Wàibian 등의 다양한 방위사를 넣어 연습해보세요.

self-check

201

은행 옆에 있어.

Zài Yínháng pángbiān
在银行旁边。
在银行旁边。

○○○

202

병원 옆에 있어.

Zài Yīyuàn pángbiān
在医院旁边。
在医院旁边。

○○○

203

스타벅스 옆에 있어.

Zài Xīngbākè pángbiān
在星巴克旁边。
在星巴克旁边。

○○○

204

도서관 앞에 있어.

Zài Túshūguǎn qiánbian
在图书馆前边。
在图书馆前边。

○○○

205

우리집 뒤에 있어.

Zài wǒ jiā hòubian
在我家后边。
在我家后边。

○○○

✓Check

□ **旁边** pángbiān 옆, 근처　□ **星巴克** Xīngbākè 스타벅스　□ **前边** qiánbian 앞쪽
□ **后边** hòubian 뒤, 뒤쪽

离这儿远吗? 여기에서 멀어?

'离 Lí'는 '~에서부터'라는 뜻으로 공간이나 시간의 간격, 거리를 나타내요.

무작정 세 번 듣고 따라 하기

self-check

206

离这儿远吗?
Lí zhèr yuǎn ma
리 쩔 위엔 마

여기에서 멀어?

가까운 곳은 '这儿 여기', 먼 곳은 '那儿 거기'라 말해요.

207

离这儿近吗?
Lí zhèr jìn ma
리 쩔 찐 마

여기에서 가까워?

208

离这儿很近。
Lí zhèr hěn jìn
리 쩔 헌 찐

여기서 매우 가까워.

209

离这儿不远。
Lí zhèr bù yuǎn
리 쩔 부 위엔

여기서 멀지 않아.

210

医院离我家不远。
Yīyuàn lí wǒ jiā bù yuǎn
이위엔 리 워 찌아 부 위엔

병원은 우리 집에서 멀지 않아.

 우리말을 보고 중국어로 세 번 따라 쓰기

206

여기에서 멀어?

Lí zhèr yuǎn ma
离这儿远吗?
离这儿远吗?

ΔΔΔ

207

여기에서 가까워?

Lí zhèr jìn ma
离这儿近吗?
离这儿近吗?

ΔΔΔ

208

여기서 매우 가까워.

Lí zhèr hěn jìn
离这儿很近。
离这儿很近。

ΔΔΔ

209

여기서 멀지 않아.

Lí zhèr bù yuǎn
离这儿不远。
离这儿不远。

ΔΔΔ

210

병원은 우리 집에서 멀지 않아.

Yīyuàn lí wǒ jiā bù yuǎn
医院离我家不远。
医院离我家不远。

ΔΔΔ

 √Check

필수

☐ **离** lí ~에서, ~까지 ☐ **这儿** zhèr 여기, 이 곳 ☐ **远** yuǎn 멀다 ☐ **近** jìn 가깝다

5강 장소와 길 묻기

DAY 14

여기에서 멀어?

去故宫怎么走? 고궁에 어떻게 가나요?

'去〇〇怎么走?'는 '〇〇에 어떻게 가나요?'라는 길을 묻는 표현입니다. 자주 쓰는 표현이니 꼭 알아두세요.

무작정 세 번 듣고 따라 하기

self-check

211

去故宫怎么走?
Qù Gùgōng zěnme zǒu
취 꾸꽁 전머 조우

고궁에 어떻게 가나요?

'去'와 '走'는 모두 '가다'라는 뜻을 가지고 있지만 '去'는 목적지를 향해 간다는 의미가 있는 반면 '走'는 일정한 장소에 있다가 그 자리를 벗어나는 것을 의미해요.

212

去机场怎么走?
Qù jīchǎng zěnme zǒu
취 지창 전머 조우

공항에 어떻게 가나요?

213

去天安门怎么走?
Qù Tiān'ānmén zěnme zǒu
취 티엔안먼 전머 조우

천안문에 어떻게 가나요?

214

去北京大学怎么走?
Qù Běijīng dàxué zěnme zǒu
취 베이징 다쉐 전머 조우

북경대학에 어떻게 가나요?

215

去外滩怎么走?
Qù Wàitān zěnme zǒu
취 와이탄 전머 조우

와이탄에 어떻게 가나요?

self-check

211

고궁에 어떻게 가나요?

Qù Gùgōng zěnme zǒu
去故宫怎么走？
去故宫怎么走？

212

공항에 어떻게 가나요?

Qù jīchǎng zěnme zǒu
去机场怎么走？
去机场怎么走？

213

천안문에 어떻게 가나요?

Qù Tiān'ānmén zěnme zǒu
去天安门怎么走？
去天安门怎么走？

214

북경대학에 어떻게 가나요?

Qù Běijīng dàxué zěnme zǒu
去北京大学怎么走？
去北京大学怎么走？

215

와이탄에 어떻게 가나요?

Qù Wàitān zěnme zǒu
去外滩怎么走？
去外滩怎么走？

✓ Check

필수 단어

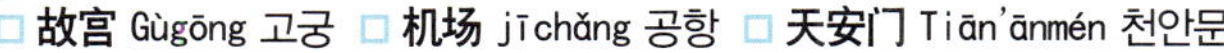

☐ 故宫 Gùgōng 고궁　☐ 机场 jīchǎng 공항　☐ 天安门 Tiān'ānmén 천안문
☐ 北京大学 Běijīng dàxué 북경대학　☐ 外滩 Wàitān 와이탄

5강 장소와 길 묻기

DAY 15

고궁에 어떻게 가나요?

你得坐车。 넌 차를 타야해.

교통수단 앞에는 '(교통수단)~을 타다'라는 뜻을 가진 '坐'를 붙여 말합니다. 그러나 '자전거를 타다'라고 말할 때는 '坐'가 아닌 '骑 qí'를 사용해 '骑自行车'라고 말합니다.

무작정 세 번 듣고 따라 하기

self-check

216

你得坐车。
Nǐ děi zuò chē
니 데이 쭈어 처

넌 차를 타야해.

'得'는 동사 앞에 쓰이며 '~해야 한다'라는 뜻을 가지고 있어요.

217

你得坐地铁。
Nǐ děi zuò dìtiě
니 데이 쭈어 띠티에

넌 지하철을 타야해.

218

你得坐出租车。
Nǐ děi zuò chūzūchē
니 데이 쭈어 추주처

넌 택시를 타야해.

219

你得坐公共汽车。
Nǐ děi zuò gōnggòngqìchē
니 데이 쭈어 꽁꽁치처

넌 버스를 타야해.

버스는 '公共汽车' 또는 '公交车 gōngjiāochē'라고 말해요.

220

你得走路。
Nǐ děi zǒu lù
니 데이 조우 루

넌 걸어가야 해.

self-check

216

넌 차를 타야해.

Nǐ děi zuò chē
你得坐车。
你得坐车。

217

넌 지하철을 타야해.

Nǐ děi zuò dìtiě
你得坐地铁。
你得坐地铁。

218

넌 택시를 타야해.

Nǐ děi zuò chūzūchē
你得坐出租车。
你得坐出租车。

219

넌 버스를 타야해.

Nǐ děi zuò gōnggòngqìchē
你得坐公共汽车。
你得坐公共汽车。

220

넌 걸어가야 해.

Nǐ děi zǒu lù
你得走路。
你得走路。

✔Check

단어 필수

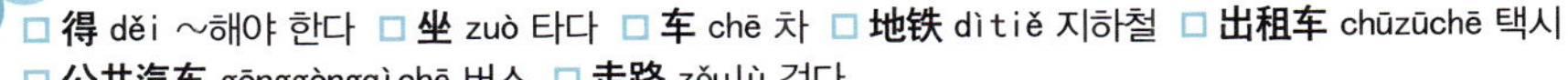

☐ **得** děi ~해야 한다 ☐ **坐** zuò 타다 ☐ **车** chē 차 ☐ **地铁** dìtiě 지하철 ☐ **出租车** chūzūchē 택시
☐ **公共汽车** gōnggòngqìchē 버스 ☐ **走路** zǒulù 걷다

你去过博物馆吗? 년 박물관에 가본적 있니?

'过'는 '~한 적이 있다'라는 뜻으로 동사 뒤에 쓰여 어떤 동작이나 변화가 일찍이 발생하였음을 나타냅니다.

  무작정 세 번 듣고 따라 하기

self-check

221

你去过博物馆吗?
Nǐ qù guo bówùguǎn ma
니 취 구어 보우관 마

넌 박물관에 가본적 있니?

222

你去过北京大学吗?
Nǐ qù guo Běijīng dàxué ma
니 취 구어 베이징 다쉐 마

넌 북경대학에 가본적 있니?

223

你去过故宫吗?
Nǐ qù guo Gùgōng ma
니 취 구어 꾸꽁 마

넌 고궁에 가본적 있니?

224

你喝过白酒吗?
Nǐ hē guo báijiǔ ma
니 흐어 구어 바이지우 마

넌 바이주를 마셔본 적 있니?

225

你吃过中国菜吗?
Nǐ chī guo zhōngguócài ma
니 츠 구어 쫑구어차이 마

넌 중국요리를 먹어본 적 있니?

221

넌 박물관에 가본적 있니?

Nǐ qù guo bówùguǎn ma
你去过博物馆吗?
你去过博物馆吗?

222

넌 북경대학에 가본적 있니?

Nǐ qù guo Běijīng dàxué ma
你去过北京大学吗?
你去过北京大学吗?

223

넌 고궁게 가본적 있니?

Nǐ qù guo Gùgōng ma
你去过故宫吗?
你去过故宫吗?

224

넌 바이주를 마셔본 적 있니?

Nǐ hē guo báijiǔ ma
你喝过白酒吗?
你喝过白酒吗?

225

넌 중국요리를 먹어본 적 있니?

Nǐ chī guo zhōngguócài ma
你吃过中国菜吗?
你吃过中国菜吗?

√Check

필수단어

- 博物馆 bówùguǎn 박물관　□ 北京大学 Běijīng dàxué 북경대학　□ 故宫 Gùgōng 고궁
- 喝 hē 마시다　□ 白酒 báijiǔ 바이주　□ 吃 chī 먹다　□ 中国菜 zhōngguócài 중국요리

我去过博物馆。 난 박물관에 가본 적이 있어.

과거의 경험을 표현할 때는 동사 뒤에 '过'를 붙여 말합니다.

무작정 세 번 듣고 따라 하기

self-check

226
我去过博物馆。
Wǒ qù guo bówùguǎn
워 취 구어 보우관

난 박물관에 가본 적이 있어.

227
我去过韩国。
Wǒ qù guo Hánguó
워 취 구어 한구어

난 한국에 가본 적이 있어.

228
我去过中国。
Wǒ qù guo Zhōngguó
워 취 구어 쫑구어

난 중국에 가본 적이 있어.

229
我喝过白酒。
Wǒ hē guo báijiǔ
워 흐어 구어 바이지우

난 바이주를 마셔본 적이 있어.

230
我曾经吃过中国菜。
Wǒ céngjīng chī guo zhōngguócài
워 청찡 츠 구어 쫑구어차이

난 중국요리를 먹어본 적이 있어.

'过'는 사실이 이미 일어났음을 나타내는 부사 '曾经', '已经'과 함께 쓰이는 경우가 많아요.

self-check

226

난 박물관에 가본 적이 있어.

Wǒ qù guo bówùguǎn
我去过博物馆。
我去过博物馆。

227

난 한국에 가본 적이 있어.

Wǒ qù guo Hánguó
我去过韩国。
我去过韩国。

228

난 중국에 가본 적이 있어.

Wǒ qù guo Zhōngguó
我去过中国。
我去过中国。

229

난 바이주를 마셔본 적이 있어.

Wǒ hē guo báijiǔ
我喝过白酒。
我喝过白酒。

230

난 중국요리를 먹어본 적이 있어.

Wǒ céngjīng chī guo zhōngguócài
我曾经吃过中国菜。
我曾经吃过中国菜。

5장 장소와 길 묻기

DAY 16

난 박물관에 가본 적이 있어.

✓Check

단어 필수

□ **博物馆** bówùguǎn 박물관　□ **韩国** Hánguó 한국　□ **中国** Zhōngguó 중국　□ **喝** hē 마시다
□ **白酒** báijiǔ 바이주　□ **吃** chī 먹다　□ **中国菜** zhōngguócài 중국요리

我没去过博物馆。 난 박물관에 가본 적 없어.

'~한 적이 없다'는 '没(有)'를 사용하여 말합니다.

무작정 세 번 듣고 따라 하기

self-check

231

我没去过博物馆。
Wǒ méi qù guo bówùguǎn
워 메이 취 구어 보우관

난 박물관에 가본 적 없어.

232

我没去过韩国。
Wǒ méi qù guo Hánguó
워 메이 취 구어 한구어

난 한국에 가본 적 없어.

233

我没去过中国。
Wǒ méi qù guo Zhōngguó
워 메이 취 구어 쭝구어

난 중국에 가본 적 없어.

234

我没喝过白酒。
Wǒ méi hē guo báijiǔ
워 메이 흐어 구어 바이지우

난 바이주를 마셔본 적이 없어.

235

我没吃过中国菜。
Wǒ méi chī guo zhōngguócài
워 메이 츠 구어 쭝구어차이

난 중국요리를 먹어본 적이 없어.

 우리말을 보고 중국어로 세 번 따라 쓰기

231

난 박물관에 가본 적 없어.

Wǒ méi qù guo bówùguǎn
我没去过博物馆。
我没去过博物馆。

232

난 한국어 가본 적 없어.

Wǒ méi qù guo Hánguó
我没去过韩国。
我没去过韩国。

233

난 중국어 가본 적 없어.

Wǒ méi qù guo Zhōngguó
我没去过中国。
我没去过中国。

234

난 바이주를 마셔본 적이 없어.

Wǒ méi hē guo báijiǔ
我没喝过白酒。
我没喝过白酒。

235

난 중국요리를 먹어본 적이 없어.

Wǒ méi chī guo zhōngguócài
我没吃过中国菜。
我没吃过中国菜。

 ✓ Check

필수

☐ **博物馆** bówùguǎn 박물관　☐ **韩国** Hánguó 한국　☐ **中国** Zhōngguó 중국　☐ **喝** hē 마시다

☐ **白酒** báijiǔ 바이주　☐ **吃** chī 먹다　☐ **中国菜** zhōngguócài 중국요리

DAY 16 我还没去过。 나 아직 가본 적 없어.

'还 hái'는 '아직도, 여전히'라는 뜻의 부사로 '还没~'는 '아직 ~한 적 없다'라는 뜻이에요.

무작정 세 번 듣고 따라 하기

self-check

236
我还没去过。
Wǒ hái méi qù guo
워 하이 메이 취 구어

나 아직 가본 적 없어.

237
我还没吃过。
Wǒ hái méi chī guo
워 하이 메이 츠 구어

나 아직 먹어본 적 없어.

238
我还没喝过。
Wǒ hái méi hē guo
워 하이 메이 흐어 구어

나 아직 마셔본 적 없어.

239
我还没说过。
Wǒ hái méi shuō guo
워 하이 메이 슈어 구어

나 아직 말한 적 없어.

240
我还没听过呢。
Wǒ hái méi tīng guo ne
워 하이 메이 팅 구어 너

나 아직 들어 본 적 없어.

'还没~'를 사용할 때는 일반적으로 문장 끝에 지속의 어감을 주는 '呢'가 같이 나와요.

 우리말을 보고 중국어로 세 번 따라 쓰기

236

나 아직 가본 적 없어.

Wǒ hái méi qù guo
我还没去过。
我还没去过。

237

나 아직 먹어본 적 없어.

Wǒ hái méi chī guo
我还没吃过。
我还没吃过。

238

나 아직 마셔본 적 없어.

Wǒ hái méi hē guo
我还没喝过。
我还没喝过。

239

나 아직 말한 적 없어.

Wǒ hái méi shuō guo
我还没说过。
我还没说过。

240

나 아직 들어 본 적 없어.

Wǒ hái méi tīng guo ne
我还没听过呢。
我还没听过呢。

 ✔Check

필수 ☐ **还** hái 아직도, 여전히　☐ **说** shuō 말하다　☐ **听** tīng 듣다

DAY 17 怎么卖? 어떻게 팔아요?

'怎么?'는 '어떻게, 왜?'라는 뜻을 가진 의문대명사로 원인, 방식, 상황을 물을 때 사용해요.
일상생활에서 자주 사용하는 표현이니 꼭 기억해둡시다.

무작정 세 번 듣고 따라 하기

241
怎么卖?
Zěnme mài
전머 마이

어떻게 팔아요?

242
怎么吃?
Zěnme chī
전머 츠

어떻게 먹나요?

243
怎么说?
Zěnme shuō
전머 슈어

어떻게 말해요?

244
怎么走?
Zěnme zǒu
전머 조우

어떻게 가나요?

245
怎么写?
Zěnme xiě
전머 시에

어떻게 쓰나요?

'怎么'는 '为什么 Wèishénme'와 같이 '왜, 어째서'라는 뜻으로도 자주 쓰여요.
ex) 他怎么没来? 그는 왜 안 왔어?
　　 你怎么不喝啤酒? 넌 왜 맥주를 안 마셔?

 **우리말을 보고 중국어로 세 번 따라 쓰기**

241

어떻게 팔아요?

Zěnme mài
怎么卖?
怎么卖?

△△△

242

어떻게 먹나요?

Zěnme chī
怎么吃?
怎么吃?

△△△

243

어떻게 말해요?

Zěnme shuō
怎么说?
怎么说?

△△△

244

어떻게 가나요?

Zěnme zǒu
怎么走?
怎么走?

△△△

245

어떻게 쓰나요?

Zěnme xiě
怎么写?
怎么写?

△△△

6강 쇼핑하기
DAY 17
어떻게 팔아요?

 **Check**

필수

☐ **怎么** Zěnme 어떻게, 왜 ☐ **卖** mài 팔다 ☐ **吃** chī 먹다 ☐ **走** zǒu 가다 ☐ **写** xiě 쓰다

DAY 17 这个多少钱? 이거 얼마예요?

중국 여행을 할 때나 쇼핑을 할 때 반드시 알아야 할 표현! '얼마예요?'는 '多少钱 duōshǎo qián'이라 말합니다. '多少'는 '얼마간, 약간'의 의미로 가격, 길이, 무게 등 숫자를 물어볼 때 많이 사용해요.

 무작정 세 번 듣고 따라 하기

self-check

246
这个多少钱?
Zhè ge duōshǎo qián
쩌 거 뚜어샤오 치엔

이거 얼마예요?

247
那个多少钱?
Nà ge duōshǎo qián
나 거 뚜어샤오 치엔

그거 얼마예요?

248
这本书多少钱?
Zhè běn shū duōshǎo qián
쩌 번 슈 뚜어샤오 치엔

이 책 얼마예요?

'本'은 책 또는 공책을 세는 양사입니다.

249
这条裙子多少钱?
Zhè tiáo qúnzi duōshǎo qián
쩌 티아오 췬즈 뚜어샤오 치엔

이 치마 얼마예요?

'条'는 강, 바지, 길, 치마 등 가늘고 긴 것을 세는 양사입니다.

250
一瓶可乐多少钱?
Yì píng kělè duōshǎo qián
이 핑 커러 뚜어샤오 치엔

콜라 한 병에 얼마예요?

'瓶'은 병에 든 물건을 세는 양사입니다.

 우리말을 보고 중국어로 세 번 따라 쓰기

246

이거 얼마예요?

Zhè ge duōshǎo qián
这个多少钱?
这个多少钱?

247

그거 얼마예요?

Nà ge duōshǎo qián
那个多少钱?
那个多少钱?

248

이 책 얼마예요?

Zhè běn shū duōshǎo qián
这本书多少钱?
这本书多少钱?

249

이 치마 얼마예요?

Zhè tiáo qúnzi duōshǎo qián
这条裙子多少钱?
这条裙子多少钱?

250

콜라 한 병에 얼마예요?

Yì píng kělè duōshǎo qián
一瓶可乐多少钱?
一瓶可乐多少钱?

✔Check

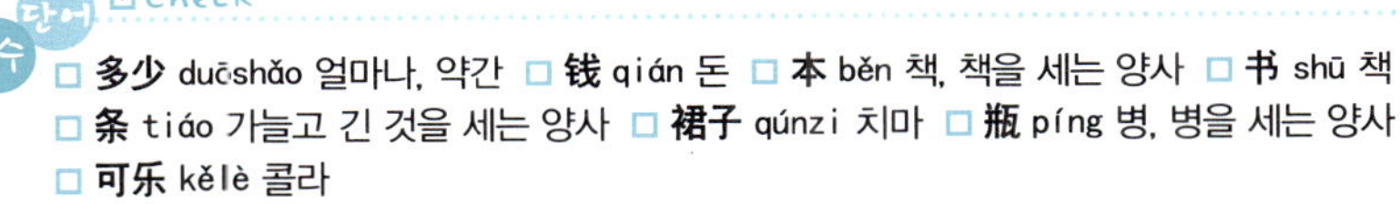

필수 단어

□ **多少** duōshǎo 얼마나, 약간 □ **钱** qián 돈 □ **本** běn 책, 책을 세는 양사 □ **书** shū 책
□ **条** tiáo 가늘고 긴 것을 세는 양사 □ **裙子** qúnzi 치마 □ **瓶** píng 병, 병을 세는 양사
□ **可乐** kělè 콜라

117

十五块。 15원입니다.

'块'는 중국의 화폐 단위로 '1块'는 '1元'과 같습니다. 구어체에서는 '元' 대신에 '块'를 사용하며 '块' 뒤에 '钱'을 붙여 말하기도 해요.

무작정 세 번 듣고 따라 하기

251

十五块。
Shí wǔ kuài
스 우 콰이

15원입니다.

252

一百块钱。
Yī bǎi kuài qián
이 바이 콰이 치엔

100원입니다.

253

一个五块。
Yí gè wǔ kuài
이 거 우 콰이

한 개에 5원입니다.

254

一斤十二块。
Yì jīn shí èr kuài
이 찐 스 얼 콰이

한 근에 12원입니다.

'一斤'은 '한 근'을 나타내는 무게 단위로 600g을 뜻하는 한국과 달리 중국에서는 500g을 나타내요.

255

一共七十块。
Yí gòng qī shí kuài
이 꽁 치 스 콰이

총 70원입니다.

'一共'은 '모두, 전부, 총'이라는 뜻으로 '一共多少钱?(모두 얼마예요)'도 자주 쓰는 표현이니 꼭 알아두세요.

118

self-check

251

15원입니다.

Shí wǔ kuài
十五块。
十五块。

△△△

252

100원입니다.

Yì bǎi kuài qián
一百块钱。
一百块钱。

△△△

253

한 개에 5원입니다.

Yí gè wǔ kuài
一个五块。
一个五块。

△△△

254

한 근에 12원입니다.

Yì jīn shí èr kuài
一斤十二块。
一斤十二块。

△△△

255

총 70원입니다.

Yí gòng qī shí kuài
一共七十块。
一共七十块。

△△△

✓Check

필수 단어

☐ **块** kuài (중국의 화폐단위)위안　☐ **百** bǎi 백, 100　☐ **斤** jīn 근　☐ **一共** Yí gòng 모두, 전부

太贵了。 너무 비싸요.

'太+형용사+了'는 '너무~하다'라는 뜻으로 감탄이나 과장의 어기를 나타내요.

무작정 세 번 듣고 따라 하기

self-check

256
太贵了。
Tài guì le
타이 꾸이 러

너무 비싸요.

257
太好吃了。
Tài hǎochī le
타이 하오츠 러

너무 맛있어요.

258
太热了。
Tài rè le
타이 르어 러

너무 더워요.

259
太可爱了。
Tài kě'ài le
타이 커아이 러

너무 귀여워요.

260
太远了。
Tài yuǎn le
타이 위엔 러

너무 멀어요.

'太'의 부정형은 '不太'로 '그다지~않다. 별로~않다'라는 뜻을 가지고 있어요.

self-check

256

너무 비싸요.

Tài guì le
太贵了。
太贵了。

○○○

257

너무 맛있어요.

Tài hǎochī le
太好吃了。
太好吃了。

○○○

258

너무 더워요.

Tài rè le
太热了。
太热了。

○○○

259

너무 귀여워요.

Tài kě'ài le
太可爱了。
太可爱了。

○○○

260

너무 멀어요.

Tài yuǎn le
太远了。
太远了。

○○○

6강 쇼핑하기

DAY 18

너무 비싸요.

✔Check

단어
필수

□ **贵** guì 비싸다　□ **好吃** hǎochī 맛있다　□ **热** rè 덥다　□ **可爱** kě'ài 귀엽다, 사랑스럽다
□ **远** yuǎn 멀다

现在打折吗? 지금 세일 하나요?

'打折 dǎzhé'는 '가격을 깎다, 할인하다'라는 뜻입니다. 할인된 금액을 백분율로 표시하는 한국과는 달리 중국의 할인율은 실제 지급해야 하는 금액을 1/10로 나눈 비율로 표시하죠. 예를 들어 '打九折'는 90% 할인이 아닌 10% 할인을 말해요.

  무작정 세 번 듣고 따라 하기

self-check

261

现在打折吗?
Xiànzài dǎzhé ma
씨엔짜이 다저 마

지금 세일 하나요?

262

全部打折吗?
Quánbù dǎzhé ma
취엔뿌 다저 마

전부 세일 하나요?

263

打几折?
Dǎ jǐ zhé
다 지 저

몇 프로 세일 하나요?

264

打七折。
Dǎ qī zhé
다 치 저

30% 세일해요.

265

打三折。
Dǎ sān zhé
다 싼 저

70% 세일해요.

self-check

261

지금 세일 하나요?

Xiànzài dǎzhé ma
现在打折吗?
现在打折吗?

◇◇◇

262

전부 세일 하나요?

Quánbù dǎzhé ma
全部打折吗?
全部打折吗?

◇◇◇

263

몇 프로 세일 하나요?

Dǎ jǐ zhé
打几折?
打几折?

◇◇◇

264

30% 세일해요.

Dǎ qī zhé
打七折。
打七折。

◇◇◇

265

70% 세일해요.

Dǎ sān zhé
打三折。
打三折。

◇◇◇

✓Check

단어 필수

- ☐ **现在** Xiànzài 현재, 지금　☐ **打折** dǎzhé 할인하다　☐ **全部** Quánbù 전부

便宜一点儿。 좀 더 싸게 해주세요.

'一点儿 yìdiǎnr'은 '좀 더'라는 뜻으로 술어 뒤에 사용합니다.

무작정 세 번 듣고 따라 하기

self-check

266
便宜一点儿。
Piányi yìdiǎnr
피엔이 이디얼

좀 더 싸게 해주세요.

267
能不能便宜一点儿?
Néng bù néng piányi yìdiǎnr
넝 부 넝 피엔이 이디얼

좀 싸게 해줄 수 있나요 없나요?

268
有没有小一点儿的?
Yǒu méi yǒu xiǎo yìdiǎnr de
요우 메이 요우 시아오 이디얼 더

좀 더 작은 거 있나요 없나요?

269
有没有更长一点儿的?
Yǒu méi yǒu gèng cháng yìdiǎnr de
요우 메이 요우 껑 창 이디얼 더

좀 더 긴 것이 있나요 없나요?

270
我要短一点儿的。
Wǒ yào duǎn yìdiǎnr de
워 야오 두완 이디얼 더

전 더 짧은 것을 원해요.

'一点儿'은 명사 앞에서 '약간, 조금'이라는 뜻을 가진 양사로 사용되기도 해요.
ex) 他喝了一点儿酒。 그는 약간의 술을 마셨다.
　　Tā hē le yìdiǎnr jiǔ

self-check

266

좀 더 싸게 해주세요.

Piányi yìdiǎnr
便宜一点儿。
便宜一点儿。

△△△

267

좀 싸게 해줄 수 있나요 없나요?

Néng bù néng piányi yìdiǎnr
能不能便宜一点儿?
能不能便宜一点儿?

△△△

268

좀 더 작은 거 있나요 없나요?

Yǒu méi yǒu xiǎo yìdiǎnr de
有没有小一点儿的?
有没有小一点儿的?

△△△

269

좀 더 긴 것이 있나요 없나요?

Yǒu méi yǒu gèng cháng yìdiǎnr de
有没有更长一点儿的?
有没有更长一点儿的?

△△△

270

전 더 짧은 것을 원해요.

Wǒ yào duǎn yìdiǎnr de
我要短一点儿的。
我要短一点儿的。

△△△

✓Check

단어 필수

□ 一点儿 yìdiǎnr 조금, 약간　□ 便宜 Piányi 싸다　□ 小 xiǎo 작다　□ 长 cháng 길다
□ 短 duǎn 짧다

可以试穿吗? 입어봐도 될까요?

조동사 '可以'는 '~할 수 있다'라는 가능이나 능력의 의미와 '~해도 된다'라는 허가의 의미를 가지고 있습니다.

  무작정 세 번 듣고 따라 하기

self-check

271

可以试穿吗?
Kěyǐ shìchuān ma
커이 스추안 마

입어봐도 될까요?

○○○

'试穿'는 '입어보다'라는 뜻으로 '可以试试吗?(입어봐도 될까요?)'라고 묻기도 해요.

272

可以抽烟吗?
Kěyǐ chōuyān ma
커이 초옌 마

담배를 피워도 될까요?

○○○

273

可以喝酒吗?
Kěyǐ hē jiǔ ma
커이 흐어 지우 마

술을 마셔도 될까요?

○○○

274

可以先走吗?
Kěyǐ xiān zǒu ma
커이 시엔 조우 마

먼저 가봐도 될까요?

○○○

275

他可以帮助你。
Tā Kěyǐ bāngzhù nǐ
타 커이 빵쭈 니

그는 널 도와줄 수 있어.

○○○

위 문장에서 '可以'는 '~할 수 있다'라는 가능성을 나타내요.

self-check

271 입어봐도 될까요?

Kěyǐ shì chuān ma
可以试穿吗?
可以试穿吗?

272 담배를 피워도 될까요?

Kěyǐ chōuyān ma
可以抽烟吗?
可以抽烟吗?

273 술을 마셔도 될까요?

Kěyǐ hē jiǔ ma
可以喝酒吗?
可以喝酒吗?

274 먼저 가봐도 될까요?

Kěyǐ xiān zǒu ma
可以先走吗?
可以先走吗?

275 그는 널 도와줄 수 있어.

Tā Kěyǐ bāngzhù nǐ
他可以帮助你。
他可以帮助你。

6강 쇼핑하기

DAY 19

입어봐도 될까요?

✓Check

단어
필수

□ **可以** kěyǐ ~할 수 있다. ~해도 좋다 □ **试穿** shìchuān 입어보다 □ **抽烟** chōuyān 담배를 피우다
□ **喝酒** hē jiǔ 술을 마시다 □ **先** xiān 먼저 □ **走** zǒu 가다 □ **帮助** bāngzhù 돕다

你要吃什么? 너 뭐 먹고 싶니?

조동사 '要 Yào'은 '~하고 싶다, ~하려 한다'라는 뜻으로 희망이나 의지를 나타내요.

무작정 세 번 듣고 따라 하기

self-check

276

你要吃什么?
Nǐ yào chī shénme
니 야오 츠 션머

너 뭐 먹고 싶니?

277

你要喝什么?
Nǐ yào hē shénme
니 야오 흐어 션머

너 뭐 마시고 싶니?

278

我要买一杯咖啡。
Wǒ yào mǎi yì bēi kāfēi
워 야오 마이 이뻬이 카페이

전 커피 한 잔 살래요.

'要'가 동사로 쓰일 때는 '필요하다, 원하다'라는 뜻으로 '你要什么?(뭐가 필요해요?)'라는 질문에 '我要一杯咖啡。(커피 한 잔 주세요)'라고 대답하기도 해요.

279

我要吃一个汉堡包。
Wǒ yào chī yí ge hànbǎobāo
워 야오 츠 이거 한바오빠오

전 햄버거 하나 먹을래요.

280

不要放香菜。
Bú yào fàng xiāngcài
부 야오 팡 씨앙차이

샹차이(고수)는 넣지 마세요.

self-check

276

너 뭐 먹고 싶니?

Nǐ yào chī shénme
你要吃什么?
你要吃什么?

277

너 뭐 마시고 싶니?

Nǐ yào hē shénme
你要喝什么?
你要喝什么?

278

전 커피 한 잔 살래요.

Wǒ yào mǎi yì bēi kāfēi
我要买一杯咖啡。
我要买一杯咖啡。

279

전 햄버거 하나 먹을래요.

Wǒ yào chī yí ge hànbǎobāo
我要吃一个汉堡包。
我要吃一个汉堡包。

280

샹차이(고수)는 넣지 마세요.

Bú yào fàng xiāngcài
不要放香菜。
不要放香菜。

✓Check

단어 필수

□ **要** yào ~하려 한다, 원하다　□ **吃** chī 먹다　□ **什么** shénme 무엇, 어떤　□ **喝** hē 마시다
□ **买** mǎi 사다　□ **杯** bēi 잔, 컵을 세는 양사　□ **咖啡** kāfēi 커피　□ **汉堡包** hànbǎobāo 햄버거
□ **放** fàng 넣다, 타다　□ **香菜** xiāngcài 샹차이, 고수

7강 식당 주문하기

DAY 19

너 뭐 먹고 싶니?

有点儿辣。 조금 매워요.

'味道怎么样? Wèidào zěnmeyàng(맛이 어때요?)'이라는 질문에 '有点儿+형용사'구문을 사용하여 대답할 수 있습니다. '有点儿'은 '약간, 조금~하다'라는 뜻으로 약간 마음에 들지 않는다는 부정적인 느낌을 담고 있어요.

 무작정 세 번 듣고 따라 하기

self-check

281

有点儿**辣**。
Yǒudiǎnr là
요디얼 라

조금 매워요.

282

有点儿**咸**。
Yǒudiǎnr xián
요디얼 시엔

조금 짜요.

283

有点儿**甜**。
Yǒudiǎnr tián
요디얼 티엔

조금 달아요.

284

这件衣服有点儿**大**。
Zhè jiàn yīfú Yǒudiǎnr dà
쩌 찌엔 이푸 요디얼 따

이 옷은 조금 크네요.

285

今天我有点儿**忙**。
Jīntiān wǒ Yǒudiǎnr máng
진티엔 워 요디얼 망

전 오늘 조금 바빠요.

'有点儿'과 '一点儿 yìdiǎnr'은 모두 '조금, 약간'이라는 뜻이지만 '有点儿+형용사'와는 달리 '一点儿'은 형용사 뒤에서 쓰여 객관적인 정도를 나타내요.

self-check

281

조금 매워요.

Yǒudiǎnr là
有点儿辣。
有点儿辣。

○○○

282

조금 짜요.

Yǒudiǎnr xián
有点儿咸。
有点儿咸。

○○○

283

조금 달아요.

Yǒudiǎnr tián
有点儿甜。
有点儿甜。

○○○

284

이 옷은 조금 크네요.

Zhè jiàn yīfú Yǒudiǎnr dà
这件衣服有点儿大。
这件衣服有点儿大。

○○○

285

전 오늘 조금 바빠요.

Jīntiān wǒ Yǒudiǎnr máng
今天我有点儿忙。
今天我有点儿忙。

○○○

7강 식당 주문하기

DAY 19

조금 매워요.

필수 단어 ☑Check

有点儿 yǒudiǎnr 조금, 약간 　□ 辣 là 맵다 　□ 咸 xián 짜다 　□ 甜 tián 달다 　□ 衣服 yīfú 옷
□ 大 dà 크다 　□ 今天 jīntiān 오늘 　□ 忙 máng 바쁘다

给我一杯水。 물 한 잔 주세요.

'给 gěi'는 '~에게 ~을 주다'라는 뜻을 가진 동사로 뒤에 이중 목적어를 가질 수 있어요.

무작정 세 번 듣고 따라 하기

self-check

286

给我一杯水。
Gěi wǒ yì bēi shuǐ
게이 워 이뻬이 쉐이

물 한 잔 주세요.

287

给我一瓶可乐。
Gěi wǒ yì píng kělè
게이 워 이핑 커러

콜라 한 병 주세요.

288

给我一瓶啤酒。
Gěi wǒ yì píng píjiǔ
게이 워 이핑 피지우

맥주 한 병 주세요.

289

给我一碗米饭。
Gěi wǒ yì wǎn mǐfàn
게이 워 이 완 미판

밥 한 공기 주세요.

290

请给我菜单。
Qǐng gěi wǒ càidān
칭 게이 워 차이딴

메뉴판 좀 주세요.

'我给你一个机会 Wǒ gěi nǐ yí ge jīhuì (난 너에게 기회를 줄게)'처럼 직접 목적어는 추상적인 대상이 오기도 해요.

 우리말을 보고 중국어로 세 번 따라 쓰기

286

물 한 잔 주세요.

Gěi wǒ yì bēi shuǐ
给我一杯水。
给我一杯水。

287

콜라 한 병 주세요.

Gěi wǒ yì píng kělè
给我一瓶可乐。
给我一瓶可乐。

288

맥주 한 병 주세요.

Gěi wǒ yì píng píjiǔ
给我一瓶啤酒。
给我一瓶啤酒。

289

밥 한 공기 주세요.

Gěi wǒ yì wǎn mǐfàn
给我一碗米饭。
给我一碗米饭。

290

메뉴판 좀 주세요.

Qǐng gěi wǒ càidān
请给我菜单。
请给我菜单。

7강 식당 주문하기

DAY 20

물 한 잔 주세요.

✓Check

□ **给** gěi ～에게 ～를 주다　□ **水** shuǐ 물　□ **可乐** kělè 콜라　□ **碗** wǎn 그릇, 공기를 세는 양사

□ **米饭** mǐfàn 밥, 쌀밥　□ **菜单** càidān 메뉴, 식단

再来一个。 하나 더 주세요.

'再来 Zài lái'는 '다시 오다'라는 뜻이지만 식당에서는 '다시 가져오다, 더 주세요'라는 의미로 사용됩니다.

 무작정 세 번 듣고 따라 하기

291

再来一个。
Zài lái yí gè
짜이 라이 이 거

하나 더 주세요.

292

再来一瓶啤酒。
Zài lái yì píng píjiǔ
짜이 라이 이 핑 피지우

맥주 한 병 더 주세요.

293

再来一碗米饭。
Zài lái yì wǎn mǐfàn
짜이 라이 이 완 미판

밥 한 공기 더 주세요.

294

再来一杯牛奶。
Zài lái yì bēi niú nǎi
짜이 라이 이 뻬이 니우나이

우유 한 컵 주세요.

295

再来一点儿小菜。
Zài lái yìdiǎnr xiǎo cài
짜이 라이 이디얼 시아오 차이

밑반찬 좀 더 주세요.

 우리말을 보고 중국어로 세 번 따라 쓰기

291

하나 더 주세요.

Zài lái yí gè
再来一个。
再来一个。

292

맥주 한 병 더 주세요.

Zài lái yì píng píjiǔ
再来一瓶啤酒
再来一瓶啤酒

293

밥 한 공기 더 주세요.

Zài lái yì wǎn mǐfàn
再来一碗米饭。
再来一碗米饭。

294

우유 한 컵 주세요.

Zài lái yì bēi niú nǎi
再来一杯牛奶
再来一杯牛奶

295

밑반찬 좀 더 주세요.

Zài lái yìdiǎnr xiǎo cài
再来一点儿小菜。
再来一点儿小菜。

7강 식당 주문하기

DAY 20

하나 더 주세요.

✓Check

필수 단어

☐ **啤酒** píjiǔ 맥주 ☐ **碗** wǎn 그릇, 공기를 세는 양사 ☐ **米饭** mǐfàn 밥, 쌀밥
☐ **一点儿** yìdiǎnr 조금, 약간 ☐ **小菜** xiǎo cài 밑반찬

你喜欢吃韩国菜还是中国菜?

넌 한국음식을 좋아하니 아니면 중국음식을 좋아하니?

'A还是B'는 A인지 아니면 B인지를 묻는 선택 의문문입니다. A나 B중 하나를 선택하는 경우가 대부분이지만 두 가지를 모두 선택할 수도, 선택하지 않을 수도 있어요.

  무작정 세 번 듣고 따라 하기

self—check

296

你喜欢吃韩国菜还是中国菜?
Nǐ xǐhuān chī hánguócài háishi zhōngguócài
니 시환 츠 한궈차이 하이스 쫑궈차이

넌 한국음식을 좋아하니
아니면 중국음식을 좋아하니?

297

你喝咖啡还是茶?
Nǐ hē kāfēi háishi chá
니 흐어 카페이 하이스 차

넌 커피를 마실래 아니면 차를 마실래?

298

你去还是我去?
Nǐ qù háishi wǒ qù
니 취 하이스 워 취

네가 갈래 아니면 내가 갈까?

299

你去北京还是上海?
Nǐ qù Běijīng háishi Shànghǎi
니 취 베이징 하이스 샹하이

넌 북경을 가니 아니면 상해를 가니?

300

你是韩国人还是日本人?
Nǐ shì Hánguórén háishi Rìběnrén
니 스 한궈런 하이스 르번런

넌 한국인이니 아니면 일본인이니?

'是'자문으로 된 두 문장을 사용할 때는 '还是' 뒤에 '是'를 중복해 쓰지 않아요.

 우리말을 보고 중국어로 세 번 따라 쓰기

296

넌 한국음식을 좋아하니
아니면 중국음식을 좋아하니?

Nǐ xǐhuān chī hánguócài háishi zhōngguócài
你喜欢吃韩国菜还是中国菜？
你喜欢吃韩国菜还是中国菜？ ◊◊◊

297

넌 커피를 마실래 아니면
차를 마실래?

Nǐ hē kāfēi háishi chá
你喝咖啡还是茶？
你喝咖啡还是茶？ ◊◊◊

298

네가 갈래 아니면 내가 갈까?

Nǐ qù háishi wǒ qù
你去还是我去？
你去还是我去？ ◊◊◊

299

넌 베이징을 가니 아니면
상하이를 가니?

Nǐ qù Běijīng háishi Shànghǎi
你去北京还是上海？
你去北京还是上海？ ◊◊◊

300

넌 한국인이니 아니면
일본인이 니?

Nǐ shì Hánguórén háishi Rìběnrén
你是韩国人还是日本人？
你是韩国人还是日本人？ ◊◊◊

 ✓ Check

필수 단어

☐ **还是** háishi 또는, 아니면　☐ **韩国菜** hánguócài 한국음식　☐ **中国菜** zhōngguócài 중국음식
☐ **咖啡** kāfēi 커피　☐ **茶** chá 차　☐ **去** qù 가다　☐ **北京** Běijīng 베이징, 북경
☐ **上海** Shànghǎi 상하이, 상해　☐ **韩国人** Hánguórén 한국인　☐ **日本人** Rìběnrén 일본인

我给他打电话。 난 그에게 전화를 해.

'打电话 dǎ diànhuà'는 '전화하다, 전화를 걸다'라는 뜻으로 '○○에게 전화를 걸다'라는
'给○○打电话'라고 말합니다.

 무작정 세 번 듣고 따라 하기

301

我给**他**打电话。
Wǒ gěi tā dǎ diànhuà
워 게이 타 다 디엔화

난 그에게 전화를 해.

302

我给**女朋友**打电话。
Wǒ gěi nǚpéngyou dǎ diànhuà
워 게이 뉘펑요우 다 디엔화

난 여자친구에게 전화를 해.

303

我再给**你**打电话。
Wǒ zài gěi nǐ dǎ diànhuà
워 짜이 게이 니 다 디엔화

내가 다시 너에게 전화할게.

'再'는 '다시, 또'의 뜻을 가진 부사로 아직 발생되지 않은 일의 반복을 나타내요.

304

你给**她**打电话吧。
Nǐ gěi tā dǎ diànhuà ba
니 게이 타 다 디엔화 바

그녀에게 전화 좀 걸어봐.

어기조사 '吧'는 문장 끝에서 가벼운 명령이나 제안, 추측, 의문을 나타내요.

305

你给**老师**打电话吧。
Nǐ gěi lǎoshī dǎ diànhuà ba
니 게이 라오스 다 디엔화 바

선생님께 전화 좀 걸어봐.

self-check

301

난 그에게 전화를 해.

Wǒ gěi tā dǎ diànhuà
我给他打电话。
我给他打电话。

302

난 여자친구에게 전화를 해.

Wǒ gěi nǚpéngyou dǎ diànhuà
我给女朋友打电话。
我给女朋友打电话。

303

내가 다시 너에게 전화할게.

Wǒ zài gěi nǐ dǎ diànhuà
我再给你打电话。
我再给你打电话。

304

그녀에게 전화 좀 걸어봐.

Nǐ gěi tā dǎ diànhuà ba
你给她打电话吧。
你给她打电话吧。

305

선생님께 전화 좀 걸어봐.

Nǐ gěi lǎoshī dǎ diànhuà ba
你给老师打电话吧。
你给老师打电话吧。

✓Check

필수 단어

☐ **打电话** dǎ diànhuà 전화를 걸다　☐ **女朋友** nǚpéngyou 여자친구　☐ **再** zài 재차, 또
☐ **老师** lǎoshī 선생님

我找金先生。 김 선생님 바꿔주세요.

상대방이 '喂, 你好(여보세요)'라고 전화를 받으면 '我找〇〇(〇〇를 바꿔주세요)'이라고 말합니다.
'喂 wéi'는 원래 4성이지만 '여보세요'로 쓰일 때는 2성으로 발음해요.

 무작정 세 번 듣고 따라 하기

self-check

306

我找金先生。
Wǒ zhǎo jīn xiānsheng
워 쟈오 찐 시엔셩

김 선생님 바꿔주세요.

 '先生'은 '성인 남자'의 존칭입니다.

307

我找李先生。
Wǒ zhǎo lǐ xiānsheng
워 쟈오 리 시엔셩

이 선생님 바꿔주세요.

308

我找王总。
Wǒ zhǎo wáng zǒng
워 쟈오 왕 종

왕 사장님 바꿔주세요.

 '总经理 zǒngjīnglǐ'는 '사장님, 최고 경영자'라는 뜻으로 줄여서 '总'이라고 말합니다.

309

我找金总。
Wǒ zhǎo jīn zǒng
워 쟈오 찐 종

김 사장님 바꿔주세요.

310

我找李老师。
Wǒ zhǎo lǐ lǎoshī
워 쟈오 리 라오스

이 선생님 바꿔주세요.

 '老师'는 우리가 알고 있는 학교에서 학생을 가르치는 '선생님, 스승'이라는 뜻입니다.

 우리말을 보고 중국어로 세 번 따라 쓰기

self-check

306

김 선생님 바꿔주세요.

Wǒ zhǎo jīn xiānsheng
我找金先生。
我找金先生。

307

이 선생님 바꿔주세요.

Wǒ zhǎo lǐ xiānsheng
我找李先生。
我找李先生。

308

왕 사장님 바꿔주세요.

Wǒ zhǎo wáng zǒng
我找王总。
我找王总。

309

김 사장님 바꿔주세요.

Wǒ zhǎo jīn zǒng
我找金总。
我找金总。

310

이 선생님 바꿔주세요.

Wǒ zhǎo lǐ lǎoshī
我找李老师。
我找李老师。

Check

단어 필수
□ **找** zhǎo 찾다, 구하다　□ **先生** xiānsheng 선생님, (성인 남성의 존칭)씨　□ **老师** lǎoshī 선생님

DAY 21 请金先生接电话。 김 선생님 바꿔주세요.

'我找○○' 외에 '请○○接电话' 역시 '○○를 바꿔주세요'라는 말입니다. '接电话'는 '전화를 받다'라는 뜻을 가지고 있어요.

 무작정 세 번 듣고 따라 하기

self-check

311

请**金先生**接电话。
Qǐng jīn xiānsheng jiē diànhuà
칭 찐 시엔성 찌에 디엔화

김 선생님 바꿔주세요.

312

请**王先生**接电话。
Qǐng wáng xiānsheng jiē diànhuà
칭 왕 시엔성 찌에 디엔화

왕 선생님 바꿔주세요.

313

请**王总**接电话。
Qǐng wáng zǒng jiē diànhuà
칭 왕 종 찌에 디엔화

왕 사장님 바꿔주세요.

314

你怎么不接我的电话？
Nǐ zěnme bù jiē wǒ de diànhuà
니 전머 부 찌에 워 더 디엔화

너 어째서 내 전화를 안 받니?

'怎么'는 '어떻게, 왜'라는 뜻의 의문 대명사입니다.

315

你怎么不接他的电话？
Nǐ zénme bù jiē tā de diànhuà
니 전머 부 찌에 타 더 디엔화

너 어째서 그의 전화를 안 받니?

self-check

311

김 선생님 바꿔주세요.

Qǐng jīn xiānsheng jiē diànhuà
请金先生接电话。
请金先生接电话。

312

왕 선생님 바꿔주세요.

Qǐng wáng xiānsheng jiē diànhuà
请王先生接电话。
请王先生接电话。

313

왕 사장님 바꿔주세요.

Qǐng wáng zǒng jiē diànhuà
请王总接电话。
请王总接电话。

314

너 어째서 내 전화를 안 받니?

Nǐ zěnme bù jiē wǒ de diànhuà
你怎么不接我的电话？
你怎么不接我的电话？

315

너 어째서 그의 전화를 안 받니?

Nǐ zěnme bù jiē tā de diànhuà
你怎么不接他的电话？
你怎么不接他的电话？

✓Check

단어 필수 ☐ **接电话** jiē diànhuà 전화를 받다　☐ **怎么** zěnme 왜, 어째서

8강 전화하기

DAY 21

김 선생님 바꿔주세요.

金先生在吗? 김 선생님 계시나요?

'在 zài'는 '존재하다, 있다'라는 뜻으로 전화 통화에서 누군가를 찾을 때 '○○在吗?'라 말하기도 합니다. 이 밖에 웨이신과 같은 컴퓨터용 메신저에서 말을 걸 때 '在吗?'라고 먼저 묻기도 해요.

 무작정 세 번 듣고 따라 하기

self-check

316

金先生在吗?
Jīn xiānsheng zài ma
찐 시엔셩 짜이 마

김 선생님 계시나요?

317

王先生在吗?
Wáng xiānsheng zài ma
왕 시엔셩 짜이 마

왕 선생님 계시나요?

318

王总在吗?
Wáng zǒng zài ma
왕 종 짜이 마

왕 사장님 계시나요?

319

他现在不在。
Tā xiànzài bú zài
타 시엔짜이 부 짜이

그는 자리에 없어요.

└ '现在 xiànzài'는 '현재, 지금'이라는 뜻입니다.

320

王总现在不在。
Wáng zǒng xiànzài bú zài
왕 종 시엔짜이 부 짜이

왕 사장님 안 계십니다.

self-check

316

김 선생님 계시나요?

Jīn xiānsheng zài ma
金先生在吗?
金先生在吗?

317

왕 선생님 계시나요?

Wáng xiānsheng zài ma
王先生在吗?
王先生在吗?

318

왕 사장님 계시나요?

Wáng zǒng zài ma
王总在吗?
王总在吗?

319

그는 자리에 없어요.

Tā xiànzài bú zài
他现在不在。
他现在不在。

320

왕 사장님 안 계십니다.

Wáng zǒng xiànzài bú zài
王总现在不在。
王总现在不在。

✓Check

필수 단어

- **先生** xiānsheng (중년 남성에 대한 존칭)선생님 ☐ **在** zài 존재하다, ~에 있다
- **现在** xiànzài 현재, 지금

8강 전화하기

DAY 22

김 선생님 계시나요?

他去中国出差了吗? 그는 중국 출장 갔나요?

'出差'는 '(외지로)출장가다'라는 뜻으로 '去+장소+出差(장소에 출장을 가다)'라는 형태로
표현할 수 있어요.

 무작정 세 번 듣고 따라 하기

self-check

321

他去中国出差了吗?
Tā qù Zhōngguó chūchāi le ma
타 취 쭝궈 추챠이 러 마

그는 중국 출장 갔나요?

322

她去日本出差了吗?
Tā qù Rìběn chūchāi le ma
타 취 르번 추챠이 러 마

그녀는 일본 출장 갔나요?

323

你经常去上海出差吗?
Nǐ jīngcháng qù Shànghǎi chūchāi ma
니 징창 취 샹하이 추챠이 마

넌 상하이 출장 자주 가니?

'经常 jīngcháng'은 '늘, 항상, 자주'라는 뜻의 부사입니다.

324

明天我得去出差。
Míngtiān wǒ děi qù chūchāi
밍티엔 워 데이 취 추챠이

난 내일 출장을 가야만 해.

조동사 '得'는 동사 앞에 쓰여 '(필요에 의해)~해야 한다'라는 의미를 가지고 있어요.

325

下星期我要到北京出差。
Xià xīngqī wǒ yào dào Běijīng chūchāi
씨아싱치 워 야오 따오 베이징 추챠이

난 다음주에 베이징으로 출장을 가.

'去+장소+出差' 외에 '到+장소+出差'라고 말하기도 해요.

 우리말을 보고 중국어로 세 번 따라 쓰기

321

그는 중국 출장 갔나요?

Tā qù Zhōngguó chūchāi le ma
他去中国出差了吗?
他去中国出差了吗?

322

그녀는 일본 출장 갔나요?

Tā qù Rìběn chūchāi le ma
她去日本出差了吗?
她去日本出差了吗?

323

넌 상하이 출장 자주 가니?

Nǐ jīngcháng qù Shànghǎi chūchāi ma
你经常去上海出差吗?
你经常去上海出差吗?

324

난 내일 출장을 가야만 해.

Míngtiān wǒ děi qù chūchāi
明天我得去出差。
明天我得去出差。

325

난 다음주에 베이징으로 출장을 가.

Xià xīngqī wǒ yào dào Běijīng chūchāi
下星期我要到北京出差。
下星期我要到北京出差。

✔ Check

단어
필수

☐ **去** qù 가다　☐ **出差** chūchāi 출장 가다　☐ **中国** Zhōngguó 중국　☐ **日本** Rìběn 일본
☐ **经常** jīngcháng 자주, 항상　☐ **上海** Shànghǎi 상하이　☐ **得** děi ~해야 한다
☐ **下星期** Xià xīngqī 다음 주　☐ **北京** Běijīng 베이징

我想去中国留学。 난 중국으로 유학가고 싶어.

앞에서 배운 '去+장소+出差(장소에 출장을 가다)'처럼 '去+장소+留学'는 '장소에 유학을 가다'라는 뜻입니다. 이와 같이 하나의 주어 아래 두 개 이상의 동사가 술어로 쓰인 문장을 '연동문'이라 말해요.

 무작정 세 번 듣고 따라 하기

self-check

326

我想去中国留学。
Wǒ xiǎng qù Zhōngguó liúxué
워 시앙 취 쭝궈 리우쉐

난 중국으로 유학가고 싶어.

'想'은 '~하고 싶다'라는 바람과 소망을 나타내는 조동사입니다.

327

我想去日本旅游。
Wǒ xiǎng qù Rìběn lǚyóu
워 시앙 취 르번 뤼요우

난 일본으로 여행가고 싶어.

328

他想去中国学习汉语。
Tā xiǎng qù Zhōngguó xuéxí hànyǔ
타 시앙 취 쭝궈 쉐시 한위

그는 중국에 가서 중국어를 공부하고 싶어해.

329

我想去英国学习英语。
Wǒ xiǎng qù Yīngguó xuéxí yīngyǔ
워 시앙 취 잉궈 쉐시 잉위

난 영국에 가서 영어를 배우고 싶어.

330

我想去重庆吃麻辣火锅。
Wǒ xiǎng qù Chóngqìng chī málà huǒguō
워 시앙 취 충칭 츠 마라훠궈

난 충칭에 가서 마라훠궈를 먹고 싶어.

충칭(重庆)은 마라훠궈(麻辣火锅)의 본고장으로 '마(麻)'는 얼얼한 느낌, '라(辣)'는 매운맛을 뜻해요.

 **우리말을 보고 중국어로 세 번 따라 쓰기**

326

난 중국으로 유학가고 싶어.

Wǒ xiǎng qù Zhōngguó liúxué
我想去中国留学。
我想去中国留学。

○○○

327

난 일본으로 여행가고 싶어.

Wǒ xiǎng qù Rìběn lǚyóu
我想去日本旅游。
我想去日本旅游。

○○○

328

그는 중국에 가서
중국어를 공부하고 싶어해.

Tā xiǎng qù Zhōngguó xuéxí hànyǔ
他想去中国学习汉语。
他想去中国学习汉语。

○○○

329

난 영국에 가서
영어를 배우고 싶어.

Wǒ xiǎng qù Yīngguó xuéxí yīngyǔ
我想去英国学习英语。
我想去英国学习英语。

○○○

330

난 충칭에 가서
마라훠궈를 먹고 싶어.

Wǒ xiǎng qù Chóngqìng chī málà huǒguō
我想去重庆吃麻辣火锅。
我想去重庆吃麻辣火锅。

○○○

 ✓Check

필수

□ **想** xiǎng ～하고 싶다　□ **留学** liúxué 유학하다　□ **旅游** lǚyóu 여행하다
□ **中国** Zhōngguó 중국　□ **学习** xuéxí 공부하다　□ **汉语** hànyǔ 중국어　□ **英国** Yīngguó 영국
□ **英语** yīngyǔ 영어　□ **重庆** Chóngqìng 충칭　□ **麻辣火锅** málàhuǒguō 마라훠궈

8강 전화하기

DAY 22

난 중국으로 유학가고 싶어.

你身体不舒服吗? 너 몸이 안 좋니?

'身体不舒服 shēntǐ bù shūfu'는 '몸이 좋지 않다'라는 뜻으로 '舒服'는 '편안하다, 쾌적하다'
라는 의미를 가진 형용사입니다.

 무작정 세 번 듣고 따라 하기

self-check

331

你身体不舒服吗?
Nǐ shēntǐ bù shūfu ma
니 션티 부 슈푸 마

너 몸이 안 좋니?

332

你身体好吗?
Nǐ shēntǐ hǎo ma
니 션티 하오 마

너 몸이 안 좋니?

333

哪儿不舒服?
Nǎr bù shūfū
날 부 슈푸

어디가 안 좋니?

334

我身体不舒服。
Wǒ shēntǐ bù shūfū
워 션티 부 슈푸

나 몸이 안 좋아.

335

我身体真的很不舒服。
Wǒ shēntǐ zhēn de hěn bù shūfū
워 션티 쩐더 헌 부 슈푸

나 몸이 정말 안 좋아.

 우리말을 보고 중국어로 세 번 따라 쓰기

331

너 몸이 안 좋니?

Nǐ shēntǐ bù shūfu ma
你身体不舒服吗？
你身体不舒服吗？

332

너 몸이 안 좋니?

Nǐ shēntǐ hǎo ma
你身体好吗？
你身体好吗？

333

어디가 안 좋니?

Nǎr bù shūfū
哪儿不舒服？
哪儿不舒服？

334

나 몸이 안 좋아.

Wǒ shēntǐ bù shūfū
我身体不舒服。
我身体不舒服。

335

나 몸이 정말 안 좋아.

Wǒ shēntǐ zhēn de hěn bùshūfū
我身体真的很不舒服。
我身体真的很不舒服。

9강 컨디션이 좋지 않을 때

DAY 23

너 몸이 안 좋니?

 ✓ Check

필수 ☐ **身体** shēntǐ 몸, 신체 ☐ **舒服** shūfu 편안하다, 쾌적하다 ☐ **哪儿** nǎr 어디, 어느 곳
☐ **真** zhēn 확실히, 정말

151

昨天我睡得不好。 나 어제 잠을 잘 못잤어.

정도보어는 술어 뒤에서 동작의 상태나 성질을 보충하는 보어로 '주어+술어+得+정도보어'의 형식으로 사용합니다. 정도보어는 반드시 동사의 뒤에 위치한다는 점 꼭 기억해두세요.

 무작정 세 번 듣고 따라 하기

self-check

336

昨天我睡得不好。
Zuótiān wǒ shuì de bù hǎo
주어티엔 워 쉐이 더 부 하오

나 어제 잠을 잘 못잤어.

337

他平时吃得很多。
Tā píngshí chī de hěn duō
타 핑스 츠 더 헌 뚜어

그는 평소에 많이 먹어.

338

男朋友唱得很好。
Nán péngyou chàng de hěn hǎo
난 펑요우 창 더 헌 하오

남자친구는 노래를 잘 불러.

339

她写字写得不好。
Tā xiě zì xiě de bù hǎo
타 시에쯔 시에 더 부 하오

그녀는 글씨를 잘 못써.

동사가 목적어를 가질 때, 반드시 동사를 반복합니다. 이때 정도보어는 두 번째로 반복된 동사의 뒤에 위치해요.

340

他说汉语说得很流利。
Tā shuō hànyǔ shuō de hěn liúlì
타 슈어 한위 슈어 더 헌 리우리

그는 중국어를 매우 유창하게 말해.

'流利'는 '막힘이 없다, 거침없다, (말, 문장이) 유창하다'라는 의미를 가지고 있어요.

 **우리말을 보고 중국어로 세 번 따라 쓰기**

self-check

336 나 어제 잠을 잘 못잤어.

Zuótiān wǒ shuì de bù hǎo
昨天我睡得不好。
昨天我睡得不好。

○○○

337 그는 평소에 많이 먹어.

Tā píngshí chī de hěn duō
他平时吃得很多。
他平时吃得很多。

○○○

338 남자친구는 노래를 잘 불러.

Nán péngyou chàng de hěn hǎo
男朋友唱得很好。
男朋友唱得很好。

○○○

339 그녀는 글씨를 잘 못써.

Tā xiě zì xiě de bù hǎo
她写字写得不好。
她写字写得不好。

○○○

340 그는 중국어를 매우 유창하게 말해.

Tā shuō hànyǔ shuō de hěn liúlì
他说汉语说得很流利。
他说汉语说得很流利。

○○○

 **✓Check**

필수 단어

- ☐ **昨天** zuótiān 어제　☐ **吃** chī 먹다　☐ **男朋友** nánpéngyou 남자친구　☐ **唱** chàng 노래를 부르다
- ☐ **写字** xiězì 글씨를 쓰다　☐ **说** shuō 말하다　☐ **汉语** hànyǔ 중국어
- ☐ **流利** liúlì 막힘이 없다, 유창하다

9강 컨디션이 좋지 않을 때 · DAY 23 · 나 어제 잠을 잘 못잤어.

累死了。 피곤해 죽겠어.

'~死了'는 '~해 죽겠다'라는 뜻으로 형용사, 동사 뒤에서 동작 및 상태의 정도가 매우 심함을 나타내요. '死了'라는 보어는 '得' 없이 술어 뒤에 바로 사용됩니다.

 무작정 세 번 듣고 따라 하기

self-check

341

累死了。
lèi sǐ le
레이 스 러

피곤해 죽겠어.

342

热死了。
rè sǐ le
르어 스 러

더워 죽겠어.

343

冷死了。
lěng sǐ le
렁 스 러

추워 죽겠어.

344

困死了。
kùn sǐ le
쿤 스 러

졸려 죽겠어.

345

饿死了。
è sǐ le
으어 스 러

배고파 죽겠어.

'死了' 외에 '~得不得了', '~得要命' 등 모두 '너무~하다, ~해 죽겠다'라는 뜻으로 형용사 또는 동사와 같은 술어 뒤에 결합하여 사용됩니다.

self-check

341

피곤해 죽겠어.

lèi sǐ le
累死了。
累死了。

342

더워 죽겠어.

rè sǐ le
热死了。
热死了。

343

추워 죽겠어.

lěng sǐ le
冷死了。
冷死了。

344

졸려 죽겠어.

kùn sǐ le
困死了。
困死了。

345

배고파 죽겠어.

è sǐ le
饿死了。
饿死了。

9강 컨디션이 좋지 않을 때

DAY 23

피곤해 죽겠어.

√Check

필수 단어

□ 死了 sǐ le ~해 죽겠다　□ 累 lèi 피곤하다　□ 热 rè 덥다　□ 冷 lěng 춥다
□ 困 kùn 졸리다, 피곤하다　□ 饿 è 배고프다

你会说汉语吗？ 너 중국어 말할 수 있니?

능력을 나타내는 조동사 '会'는 '(경험, 학습, 훈련)을 통해서 ~을 할 수 있다'는 뜻을 가지고 있습니다.

 무작정 세 번 듣고 따라 하기

self-check

346

你会说汉语吗?
Nǐ huì shuō hànyǔ ma
니 훼이 슈어 한위 마

너 중국어 말할 수 있니?

347

你会说英语吗?
Nǐ huì shuō yīngyǔ ma
니 훼이 슈어 잉위 마

너 영어 말할 수 있니?

348

你会游泳吗?
Nǐ huì yóuyǒng ma
니 훼이 요용 마

너는 수영 할 수 있니?

349

你男朋友会开车吗?
Nǐ nán péngyou huì kāichē ma
니 난 펑요우 훼이 카이 처 마

네 남자친구는 운전할 수 있니?

350

我不会说汉语。
Wǒ bú huì shuō hànyǔ
워 부 훼이 슈어 한위

난 중국어를 말할 수 없어.

부정형은 부정부사 '不'를 사용해 '不会~'라고 말합니다.

우리말을 보고 중국어로 세 번 따라 쓰기

346

너 중국어 말할 수 있니?

Nǐ huì shuō hànyǔ ma
你会说汉语吗?
你会说汉语吗?

347

너 영어 말할 수 있니?

Nǐ huì shuō yīngyǔ ma
你会说英语吗?
你会说英语吗?

348

너는 수영 할 수 있니?

Nǐ huì yóuyǒng ma
你会游泳吗?
你会游泳吗?

349

네 남자친구는 운전할 수 있니?

Nǐ nán péngyou huì kāichē ma
你男朋友会开车吗?
你男朋友会开车吗?

350

난 중국어를 말할 수 없어.

Wǒ bú huì shuō hànyǔ
我不会说汉语。
我不会说汉语。

10강 조동사

DAY 24

너 중국어 말할 수 있니?

✔Check

필수 단어

□ **会** huì ~을 할 수 있다　□ **说** shuō 말하다　□ **汉语** hànyǔ 중국어　□ **英语** yīngyǔ 영어

□ **游泳** yóuyǒng 수영을 하다　□ **男朋友** nán péngyou 남자친구　□ **开车** kāichē 운전을 하다

今天会下雨。 오늘 비가 내릴 거야.

조동사 '会'는 '~를 할 수 있다'는 뜻 외에도 '~일 것이다, ~할 것이다'라는 추측의 의미도 가지고 있습니다.

 무작정 세 번 듣고 따라 하기

self-check

351

今天会下雨。
Jīntiān huì xià yǔ
진티엔 훼이 씨아 위

오늘 비가 내릴 거야.

352

明天会下雪。
Míngtiān huì xià xuě
밍티엔 훼이 씨아 쉐

내일 눈이 내릴 거야.

353

他会来的。
Tā huì lái de
타 훼이 라이 더

그는 올 거야.

└ 추측을 나타내는 '会' 뒤에는 '的'가 함께 오기도 해요.

354

他不会来。
Tā bú huì lái
타 부 훼이 라이

그는 안 올 거야.

355

今天她一定会来的。
Jīntiān tā yí dìng huì lái de
진티엔 타 이띵 훼이 라이 더

그녀는 오늘 반드시 올 거야.

└ '一定'은 '반드시, 꼭'이란 의미의 부사로 강조를 하고자 할 때 함께 사용하기도 해요.

self-check

351

오늘 비가 내릴 거야.

Jīntiān huì xià yǔ
今天会下雨。
今天会下雨。

352

내일 눈이 내릴 거야.

Míngtiān huì xià xuě
明天会下雪。
明天会下雪。

353

그는 올 거야.

Tā huì lái de
他会来的。
他会来的。

354

그는 안 올 거야.

Tā bú huì lái
他不会来。
他不会来。

355

그녀는 오늘 반드시 올 거야.

Jīntiān tā yí dìng huì lái de
今天她一定会来的。
今天她一定会来的。

10강 조동사

DAY 24

오늘 비가 내릴 거야.

✔Check

필수 단어

□ 天 Jīntiān 오늘　□ 下雨 xià yǔ 비가 오다　□ 明天 Míngtiān 내일　□ 下雪 xià xuě 눈이 내리다
□ 一定 yí dìng 반드시　□ 来 lái 오다

我打算明天出发。 난 내일 출발할 예정이야.

'打算 dǎsuan'은 '~할 예정이다, ~할 계획이다'라는 뜻을 가진 조동사입니다.

 무작정 세 번 듣고 따라 하기

self-check

356

我打算明天出发。
Wǒ dǎsuan míngtiān chūfā
워 다쏸 밍티엔 츄파

난 내일 출발할 예정이야.

357

今天我打算去见他。
Jīntiān wǒ dǎsuan qù jiàn tā
진티엔 워 다쏸 취 찌엔 타

난 오늘 그를 만나러 갈 계획이야.

358

明天你打算做什么?
Míngtiān nǐ dǎsuan zuò shénme
밍티엔 니 다쏸 쭈어 션머

너 내일 뭐 할 계획이야?

359

周末你打算做什么?
Zhōumò nǐ dǎsuan zuò shénme
쪼우모 니 다쏸 쭈어 션머

너 주말에 뭐 할 계획이야?

360

你打算什么时候回国?
Nǐ dǎsuan shénme shíhòu huíguó
니 다쏸 션머 스허우 훼이구어

너 언제 귀국할 계획이니?

'打算 dǎsuan' 외에 '计划 jìhuà' 역시 '~할 계획이다'라는 뜻을 가지고 있어요.

 우리말을 보고 중국어로 세 번 따라 쓰기

356

난 내일 출발할 예정이야.

Wǒ dǎsuan míngtiān chūfā
我打算明天出发。
我打算明天出发。

357

난 오늘 그를 만나러 갈 계획이야.

Jīntiān wǒ dǎsuan qù jiàn tā
今天我打算去见他。
今天我打算去见他。

358

너 내일 뭐 할 계획이야?

Míngtiān nǐ dǎsuan zuò shénme
明天你打算做什么？
明天你打算做什么？

359

너 주말에 뭐 할 계획이야?

Zhōumò nǐ dǎsuan zuò shénme
周末你打算做什么？
周末你打算做什么？

360

너 언제 귀국할 계획이니?

Nǐ dǎsuan shénme shíhòu huíguó
你打算什么时候回国？
你打算什么时候回国？

✔Check

단어 필수

□ **打算** dǎsuan ~할 예정이다, ~할 계획이다　□ **出发** chūfā 출발하다　□ **做** zuò ~를 하다
□ **周末** Zhōumò 주말　□ **回国** huíguó 귀국하다

我愿意去。 난 가길 원해.

'~하길 바라다, 희망하다'라는 뜻의 동사, 조동사 '愿意 yuànyì'는 동의와 희망을 나타냅니다.
'希望 xīwàng' 역시 같은 뜻을 가지고 있지만 '没有希望(희망이 없어)'처럼 명사로 사용되기도 해요.

 무작정 세 번 듣고 따라 하기

361

我愿意**去**。
Wǒ yuànyì qù
워 위엔이 취

난 가길 원해.

└ '你愿意去吗?'라는 질문에 '我愿意去'라고 대답해 동의를 나타내기도 합니다.

362

我愿意**帮助你**。
Wǒ yuànyì bāngzhù nǐ
워 위엔이 빵쭈 니

난 너를 도와주길 원해.

363

我愿意**当一名老师**。
Wǒ yuànyì dāng yì míng lǎoshī
워 위엔이 땅 이 밍 라오스

난 선생님이 되길 원해.

└ '주어+当+직업에 관련된 명사'는 '~이 되다'라는 뜻입니다.

364

她愿意**参加比赛**。
Tā yuànyì cānjiā bǐsài
타 위엔이 찬지아 비싸이

그녀는 시합에 참가하길 원해.

365

我不愿意**告诉他**。
Wǒ bú yuànyì gàosu tā
워 부 위엔이 까오수 타

난 그에게 알리지 않길 원해.

 우리말을 보고 중국어로 세 번 따라 쓰기

361

난 가길 원해.

Wǒ yuànyì qù
我愿意去。
我愿意去。

362

난 너를 도와주길 원해.

Wǒ yuànyì bāngzhù nǐ
我愿意帮助你。
我愿意帮助你。

363

난 선생님이 되길 원해.

Wǒ yuànyì dāng yì míng lǎoshī
我愿意当一名老师。
我愿意当一名老师。

364

그녀는 시합에 참가하길 원해.

Tā yuànyì cānjiā bǐsài
她愿意参加比赛。
她愿意参加比赛。

365

난 그에게 알리지 않길 원해.

Wǒ bú yuànyì gàosu tā
我不愿意告诉他。
我不愿意告诉他。

10강 조동사

DAY 25

난 가길 원해.

✔Check

필수 단어

□ **愿意** yuànyì 희망하다　□ **去** qù 가다　□ **帮助** bāngzhù 돕다　□ **参加** cānjiā 참가하다
□ **比赛** bǐsài 시합, 경기　□ **告诉** gàosu 알리다, 말하다

你应该努力学习。 넌 열심히 공부 해야만 해.

'应该', '该'는 '마땅히(반드시) ~해야 한다'라는 뜻을 가진 조동사로 의무, 도리를 강조하는 표현입니다.
회화체에서는 '该'를 더 많이 사용해요.

 무작정 세 번 듣고 따라 하기

self-check

366 
你应该努力学习。
Nǐ yīnggāi nǔlì xuéxí
니 잉까이 누리 쉬시

넌 열심히 공부해야 해.

367
你应该吃这个药。
Nǐ yīnggāi chī zhè ge yào
니 잉까이 츠 쩌거 야오

넌 이 약을 먹어야 해.

368 
他应该好好休息一下。
Tā yīnggāi hǎohao xiūxi yíxià
타 잉까이 하오하오 시우시 이샤

그는 좀 쉬어야 해.

'一下'는 동사 뒤에 놓여 '시험삼아 해보다, 좀~해 보다'라는 뜻으로 사용됩니다.

369 
你应该早点儿回家。
Nǐ yīnggāi zǎodiǎnr huíjiā
니 잉까이 자오디알 훼이찌아

넌 일찍 집으로 돌아가야 해.

370 
这是我应该做的事情。
Zhè shì wǒ yīnggāi zuò de shìqíng
쩌 스 워 잉까이 쭈어 더 스칭

이것은 내가 마땅히 해야 할 일이야.

self-check

366

넌 열심히 공부해야 해.

Nǐ yīnggāi nǔlì xuéxí
你应该努力学习。
你应该努力学习。

367

넌 이 약을 먹어야 해.

Nǐ yīnggāi chī zhè ge yào
你应该吃这个药。
你应该吃这个药。

368

그는 좀 쉬어야 해.

Tā yīnggāi hǎohao xiūxi yíxià
他应该好好休息一下。
他应该好好休息一下。

369

넌 일찍 집으로 돌아가야 해.

Nǐ yīnggāi zǎodiǎnr huíjiā
你应该早点儿回家。
你应该早点儿回家。

370

이것은 나가 마땅히 해야 할 일이야.

Zhè shì wǒ yīnggāi zuò de shìqíng
这是我应该做的事情。
这是我应该做的事情。

✅ Check

필수 단어

- ☐ **应该** yīnggāi ~해야 한다　☐ **努力** nǔlì 열심히　☐ **学习** xuéxí 공부하다　☐ **药** yào 약
- ☐ **休息** xiūxi 쉬다, 휴식하다　☐ **早点儿** zǎodiǎnr 일찍　☐ **回家** huíjiā 귀가하다, 집으로 돌아가다
- ☐ **事情** shìqíng 일, 사건

你不应该做这件事。 넌 이 일을 해선 안돼.

'应该'에 부정부사 '不'를 붙인 '不应该'는 '당연히(마땅히)~해서는 안 된다'라는 뜻입니다.

  무작정 세 번 듣고 따라 하기

self-check

371

你不应该做这件事。
Nǐ bù yīnggāi zuò zhè jiàn shì
니 부 잉까이 쭈어 쩌 찌엔 스

넌 이 일을 해선 안돼.

372

你不应该批评别人。
Nǐ bù yīnggāi pīpíng bié rén
니 부 잉까이 피핑 비에런

넌 다른 사람을 비난해선 안돼.

373

你不应该这样做。
Nǐ bù yīnggāi zhèyàng zuò
니 부 잉까이 쩌양 쭈어

너 이렇게 해서는 안돼.

'这'는 일반적으로 가까운 것, '那'는 먼 것을 나타내요. '这样, 这么'는 '이렇게', '那样, 那么'는 '그렇게'라는 뜻을 가진 지시대명사로 동사나 형용사를 수식하는 부사어 역할을 해요.

374

他不应该这么说。
Tā bù yīnggāi zhème shuō
타 부 잉까이 쩌머 슈어

그는 이렇게 말해선 안돼.

375

历史不应该忘记。
Lìshǐ bù yīnggāi wàngjì
리스 부 잉까이 왕찌

역사는 잊어버려선 안돼.

self-check

371

넌 이 일을 해선 안돼.

Nǐ bù yīnggāi zuò zhè jiàn shì
你不应该做这件事。
你不应该做这件事。

372

넌 다른 사람을 비난해선 안돼.

Nǐ bù yīnggāi pīpíng bié rén
你不应该批评别人。
你不应该批评别人。

373

너 이렇게 해서는 안돼.

Nǐ bù yīnggāi zhèyàng zuò
你不应该这样做。
你不应该这样做。

374

그는 이렇게 말해선 안돼.

Tā bù yīnggāi zhème shuō
他不应该这么说。
他不应该这么说。

375

역사는 잊어버려선 안돼.

Lìshǐ bù yīnggāi wàngjì
历史不应该忘记。
历史不应该忘记。

✓Check

단어 필수

☐ **件** jiàn 일, 사건을 세는 양사　☐ **事** shì 일　☐ **历史** lìshǐ 역사　☐ **忘记** wàngjì 잊다, 잊어버리다

如果你有困难，我会帮助你。

만약 너에게 어려움이 있으면 내가 도울게.

'如果'는 '만약 ~하다면'이라는 뜻으로 가정을 나타내는 가장 기본적인 표현입니다. '如果' 뒤에는 '就, 那么'가 함께 사용되는 경우가 많아요.

 무작정 세 번 듣고 따라 하기

self-check

376

如果你有困难，我会帮助你。
Rúguǒ nǐ yǒu kùnnán wǒ huì bāngzhù nǐ
루궈 니 요 쿤난 워 훼이 빵쭈 니

만약 너에게 어려움이 있으면 내가 도울게.

377

如果明天下雨，我就不去。
Rúguǒ míngtiān xiàyǔ wǒ jiù bú qù
루궈 밍티엔 씨아위 워 찌우 부 취

만약 내일 비가 오면 나는 가지 않을래.

378

如果我是你，我不会这样做。
Rúguǒ wǒ shì nǐ wǒ bú huì zhèyàng zuò
루궈 워 스 니 워 부 훼이 쩌양 쭈어

만약 내가 너라면 나는 이렇게 하지 않을래.

379

如果你不同意，我就不去中国。
Rúguǒ nǐ bù tóngyì wǒ jiù bú qù Zhōngguó
루궈 니 부 통이 워 찌우 부 취 쭝궈

만약 네가 동의하지 않으면 난 중국에 안 갈래.

380

如果你有时间的话，我们一起去吧。
Rúguǒ nǐ yǒu shíjiān de huà wǒmen yìqǐ qù ba
루궈 니 요 스찌엔 더 화 워먼 이치 취 바

만약 너 시간이 있으면 우리 함께 가자.

가정을 나타내는 문장의 뒤에 '~的话'를 붙여 '如果`的话'라고 말하기도 해요.

 우리말을 보고 중국어로 세 번 따라 쓰기

376

만약 너에게 어려움이
있으면 내가 도울게.

Rúguǒ nǐ yǒu kùnnán wǒ huì bāngzhù nǐ
如果你有困难，我会帮助你。
如果你有困难，我会帮助你。

377

만약 내일 비가 오면
나는 가지 않을래.

Rúguǒ míngtiān xiàyǔ wǒ jiù bú qù
如果明天下雨，我就不去。
如果明天下雨，我就不去。

378

만약 내가 너라면
나는 이렇게 하지 않을래.

Rúguǒ wǒ shì nǐ wǒ bú huì zhèyàng zuò
如果我是你，我不会这样做。
如果我是你，我不会这样做。

379

만약 네가 동의하지
않으면
난 중국에 안 갈래.

Rúguǒ nǐ bù tóngyì wǒ jiù bú qù Zhōngguó
如果你不同意，我就不去中国。
如果你不同意，我就不去中国。

380

만약 너 시간이 있으면
우리 함께 가자.

Rúguǒ nǐ yǒu shíjiān de huà wǒmen yìqǐ qù ba
如果你有时间的话，我们一起去吧。
如果你有时间的话，我们一起去吧。

 Check

필수
단어

☐ **如果** Rúguǒ 만약 ~하다면　☐ **困难** kùnnán 어려움　☐ **帮助** bāngzhù 돕다　☐ **这样** zhèyàng 이렇게
☐ **做** zuò 하다　☐ **同意** tóngyì 동의하다　☐ **时间** shíjiān 시간　☐ **一起** yìqǐ 함께, 같이

为了减肥，我每天都跑步。

다이어트를 위해서 난 매일 달려.

'为了A，B'는 'A하기 위하여 B하다'라는 뜻으로 A에는 주로 '동사+목적어' 형태가 오는 경우가 많습니다.

 무작정 세 번 듣고 따라 하기

self-check

381

为了减肥，我每天都跑步。
Wèile jiǎnféi wǒ měitiān dōu pǎobù
웨이러 지엔뻬이 워 메이티엔 또우 파오뿌

다이어트를 위해서
난 매일 달려.

382

为了考上大学，他周末也努力学习。
Wèile kǎoshàng dàxué tā zhōumò yě nǔlì xuéxí
웨이러 카오샹 따쒜 타 쩌우모 에 누리 쒜시

대학 합격을 위해서
그는 주말에도 열심히 공부해.

383

为了参加马拉松比赛，她每天都练习。
Wèile cānjiā mǎlāsōng bǐsài tā měitiān dōu liànxí
웨이러 찬지아 마라쏭 비싸이 타 메이티엔 또우 리엔시

마라톤 대회에 참가하기
위해서 그녀는 매일 연습해.

384

为了学习汉语，他每天都看中国电视剧。
Wèile xuéxí hànyǔ tā měitiān dōu kàn Zhōngguó diànshjù
웨이러 쒜시 한위 타 메이티엔 또우 칸 쭝궈 디엔쓰쮜

중국어 공부를 위해서
그는 매일 중국 드라마를 봐.

385

为了通过这次考试，我每天都认真学习。
Wèile tōngguò zhè cì kǎoshì wǒ měitiān dōu rènzhēn xuéxí
웨이러 통꾸어 쩌 츠 카오쓰 워 메이티엔 또우 런쩐 쒜시

이번 시험에 통과하기 위해
나는 매일 열심히 공부해.

 우리말을 보고 중국어로 세 번 따라 쓰기

381

다이어트를 위해서
난 매일 달려.

Wèile jiǎnféi wǒ měitiān dōu pǎobù
为了减肥，我每天都跑步。
为了减肥，我每天都跑步。

382

대학 합격을 위해서
그는 주말에도 열심히 공부해.

Wèile kǎoshàng dàxué tā zhōumò yě nǔlì xuéxí
为了考上大学，他周末也努力学习。
为了考上大学，他周末也努力学习。

383

마라톤 대회에 참가하기
위해서 그녀는 매일 연습해.

Wèile cānjiā mǎlāsōng bǐsài tā měitiān dōu liànxí
为了参加马拉松比赛，她每天都练习。
为了参加马拉松比赛，她每天都练习。

384

중국어 공부를 위해서
그는 매일 중국 드라마를 봐.

Wèile xuéxí hànyǔ tā měitiān dōu kàn Zhōngguó diànshìjù
为了学习汉语，他每天都看中国电视剧。
为了学习汉语，他每天都看中国电视剧。

385

이번 시험에 통과하기 위해
나는 매일 열심히 공부해.

Wèile tōngguò zhè cì kǎoshì wǒ měitiān dōu rènzhēn xuéxí
为了通过这次考试，我每天都认真学习。
为了通过这次考试，我每天都认真学习。

 ✔ Check

필수 단어

□ **为了** Wèile ～를 위해서　□ **减肥** jiǎnféi 다이어트 하다　□ **每天** měitiān 매일

□ **跑步** pǎobù 달리다　□ **考上** kǎoshàng 시험에 합격하다　□ **大学** dàxué 대학

□ **努力** nǔlì 노력하다, 힘쓰다　□ **参加** cānjiā 참가하다　□ **马拉松** mǎlāsōng 마라톤

□ **比赛** bǐsài 시합, 경기　□ **汉语** hànyǔ 중국어　□ **电视剧** diànshìjù 드라마

□ **通过** tōngguò 통과하다　□ **考试** kǎoshì 시험

天气越来越冷。 날씨가 점점 추워져.

'越来越 yuè lái yuè'는 '점점 ~해지다'라는 뜻으로 뒤에는 주로 형용사/심리 동사가 옵니다.

무작정 세 번 듣고 따라 하기

self-check

386

天气越来越冷。
Tiānqì yuè lái yuè lěng
티엔치 위에 라이 위에 렁

날씨가 점점 추워져.

387

天气越来越热。
Tiānqì yuè lái yuè rè
티엔치 위에 라이 위에 르어

날씨가 점점 더워져.

388

她越来越胖。
Tā yuè lái yuè pàng
타 위에 라이 위에 팡

그녀는 점점 살이 찌고 있어.

389

成绩越来越好。
Chéngjì yuè lái yuè hǎo
청찌 위에 라이 위에 하오

성적이 점점 좋아지고 있어.

390

我越来越糊涂了。
Wǒ yuè lái yuè hútu le
워 위에 라이 위에 후투 러

난 점점 헷갈리고 있어.

 우리말을 보고 중국어로 세 번 따라 쓰기

386

날씨가 점점 추워져.

Tiānqì yuè lái yuè lěng
天气越来越冷。
天气越来越冷。

○○○

387

날씨가 점점 더워져.

Tiānqì yuè lái yuè rè
天气越来越热。
天气越来越热。

○○○

388

그녀는 점점 살이 찌고 있어.

Tā yuè lái yuè pàng
她越来越胖。
她越来越胖。

○○○

389

성적이 점점 좋아지고 있어.

Chéngjì yuè lái yuè hǎo
成绩越来越好。
成绩越来越好。

○○○

390

난 점점 헷갈리고 있어.

Wǒ yuè lái yuè hútu le
我越来越糊涂了。
我越来越糊涂了。

○○○

 Check

필수단어

- □ **天气** Tiānqì 날씨　□ **越来越** yuè lái yuè 점점 ~해지다　□ **冷** lěng 춥다　□ **热** rè 덥다
- □ **胖** pàng 뚱뚱하다　□ **成绩** Chéngjì 성적　□ **糊涂** hútu 흐릿하다, 모호하다

11강 자주 사용하는 표현

DAY 26

날씨가 점점 추워져.

快要考试了。 곧 시험이야.

'快要~了'는 '곧~ 하다, ~하게 된다'라는 뜻으로 어떤 상황이나 일이 가까운 미래에 발생하게 될 것을 나타냅니다.

  무작정 세 번 듣고 따라 하기

self-check

391

快要**考试**了。
Kuài yào kǎoshì le
콰이 야오 카오스 러

곧 시험이야.

392

快要**下班**了。
Kuài yào xiàbān le
콰이 야오 씨아빤 러

곧 퇴근이야.

393

快要**毕业**了。
Kuài yào bìyè le
콰이 야오 비에 러

곧 졸업이야.

394

他们快要结婚了。
Tāmen Kuài yào jiéhūn le
타먼 콰이 야오 지에훈 러

그들은 곧 결혼해.

395

火车快开了。
Huǒchē Kuài kāi le
훠쳐 콰이 카이 러

기차가 곧 출발하려해.

'快要~了' 외에 '就要~了, 快~了'로 바꿔 사용할 수도 있어요.

174

 우리말을 보고 중국어로 세 번 따라 쓰기

391

곧 시험이야.

Kuài yào kǎoshì le
快要考试了。
快要考试了。

○○○

392

곧 퇴근이야.

Kuài yào xiàbān le
快要下班了。
快要下班了。

○○○

393

곧 졸업이야.

Kuài yào bìyè le
快要毕业了。
快要毕业了。

○○○

394

그들은 곧 결혼해.

Tāmen Kuài yào jiéhūn le
他们快要结婚了。
他们快要结婚了。

○○○

395

기차가 곧 출발하려해.

Huǒchē Kuài kāi le
火车快开了。
火车快开了。

○○○

✔Check

필수

□ **考试** kǎoshì 시험을 보다, 시험　□ **下班** xiàbān 퇴근하다　□ **毕业** bìyè 졸업하다

□ **结婚** jiéhūn 결혼하다　□ **火车** huǒchē 기차　□ **开** 운전하다, 열다

他又聪明又帅。 그는 똑똑하기도 하고 멋있어.

'又○○又○○'는 '○○하기도 하고 ○○하기도 하다'라는 뜻으로 동작이나 느낌을 열거할 때
사용합니다. ○○에는 형용사 또는 동사+목적어의 형태가 옵니다.

 무작정 세 번 듣고 따라 하기

self-check

396

他又聪明又帅。
Tā yòu cōngmíng yòu shuài
타 요우 총밍 요우 슈아이

그는 똑똑하기도 하고 멋있어.

397

这双鞋又好看又便宜。
Zhè shuāng xié yòu hǎokàn yòu piányi
쩌 슈왕 시에 요우 하오칸 요우 피엔이

이 신발은 예쁘기도 하고 값도 싸.

398

他又会说英语又会说汉语。
Tā yòu huì shuō yīngyǔ yòu huì shuō hànyǔ
타 요우 훼이 슈어 잉위 요우 훼이 슈어 한위

그는 영어도 할 수 있고
중국어도 해.

399

这家餐厅的菜又好吃又便宜。
Zhè jiā cāntīng de cài yòu hǎochī yòu piányi
쩌 찌아 찬팅 더 차이 요우 하오츠 요우 피엔이

이 음식점의 요리는
맛있기도 하고 값도 싸.

400

现在又饿又渴。
Xiànzài yòu è yòu kě
씨엔짜이 요우 으어 요우 크어

지금 배고프기도 하고 목도 말라.

 우리말을 보고 중국어로 세 번 따라 쓰기

396

그는 똑똑하기도 하고 멋있어.

Tā yòu cōngmíng yòu shuài
他又聪明又帅。
他又聪明又帅。

△△△

397

이 신발은 예쁘기도 하고
값도 싸.

Zhè shuāng xié yòu hǎokàn yòu piányi
这双鞋又好看又便宜。
这双鞋又好看又便宜。

△△△

398

그는 영어도 할 수 있고
중국어도 해.

Tā yòu huì shuō yīngyǔ yòu huì shuō hànyǔ
他又会说英语又会说汉语。
他又会说英语又会说汉语。

△△△

399

이 음식점의 요리는
맛있기도 하고 값도 싸.

Zhè jiā cāntīng de cài yòu hǎochī yòu piányi
这家餐厅的菜又好吃又便宜。
这家餐厅的菜又好吃又便宜。

△△△

400

지금 배고프기도 하고 목도 말라.

Xiànzài yòu è yòu kě
现在又饿又渴。
现在又饿又渴。

△△△

✓**Check**

필수 단어

☐ **聪明** cōngmíng 똑똑하다 ☐ **帅** shuài 멋지다 ☐ **双** shuāng (양사)켤레 ☐ **鞋** xié 신발

☐ **好看** hǎokàn 예쁘다 ☐ **便宜** piányi 값이 싸다 ☐ **餐厅** cāntīng 음식점 ☐ **菜** cài 요리, 음식

☐ **好吃** hǎochī 맛있다 ☐ **饿** è 배고프다 ☐ **渴** kě 목마르다

我一边学习一边听音乐。

나는 공부하면서 음악을 들어.

'一边〇〇一边〇〇'는 '〇〇하면서 〇〇하다'라는 뜻으로 두 가지 이상의 동작이 동시에 이루어짐을 나타냅니다.

 무작정 세 번 듣고 따라 하기

self-check

401
我一边学习一边听音乐。
Wǒ yìbiān xuéxí yìbiān tīng yīnyuè
워 이비엔 쉐시 이비엔 팅 인위에

나는 공부하면서 음악을 들어.

402
妈妈一边做菜一边看电视。
Māma yìbiān zuò cài yìbiān kàn diànshì
마마 이비엔 쭈어차이 이비엔 칸 디엔스

엄마는 요리를 하면서
텔레비전을 보고 계셔.

403
他一边唱歌一边跳舞。
Tā yìbiān chàng gē yìbiān tiàowǔ
타 이비엔 창꺼 이비엔 티아우

그는 노래를 부르면서
춤을 추고 있어.

404
他们一边喝茶一边聊天。
Tāmen yìbiān hē chá yìbiān liáotiān
타먼 이비엔 흐어 차 이비엔 랴오티엔

그들은 차를 마시면서
얘기를 하고 있어.

405
她一边看电视一边吃饭。
Tā yìbiān kàn diànshì yìbiān chī fàn
타 이비엔 칸 디엔스 이비엔 츠판

그녀는 텔레비전을 보면서
밥을 먹고 있어.

 우리말을 보고 중국어로 세 번 따라 쓰기

401

나는 공부하면서
음악을 들어.

Wǒ yìbiān xuéxí yìbiān tīng yīnyuè
我一边学习一边听音乐。
我一边学习一边听音乐。

402

엄마는 요리를 하면서
텔레비전을 보고 계셔.

Māma yìbiān zuò cài yìbiān kàn diànshì
妈妈一边做菜一边看电视。
妈妈一边做菜一边看电视。

403

그는 노래를 부르면서
춤을 추고 있어.

Tā yìbiān chàng gē yìbiān tiàowǔ
他一边唱歌一边跳舞。
他一边唱歌一边跳舞。

404

그들은 차를 마시면서
얘기를 하고 있어.

Tāmen yìbiān hē chá yìbiān liáotiān
他们一边喝茶一边聊天。
他们一边喝茶一边聊天。

405

그녀는 텔레비전을 보면서
밥을 먹고 있어.

Tā yìbiān kàn diànshì yìbiān chī fàn
她一边看电视一边吃饭。
她一边看电视一边吃饭。

 ✓Check

필수 단어

- ☐ **学习** xuéxí 공부하다　☐ **听音乐** tīng yīnyuè 음악을 듣다　☐ **做菜** zuò cài 요리를 하다
- ☐ **看电视** kàn diànshì 텔레비전을 보다　☐ **唱歌** chàng gē 노래하다　☐ **跳舞** tiàowǔ 춤을 추다
- ☐ **喝茶** hē chá 차 마시다　☐ **聊天** liáotiān 얘기를 하다　☐ **吃饭** chī fàn 밥을 먹다

179

我比你更高。 나는 너보다 더 커.

'A+比+B+술어'는 'A가 B보다 더 ~하다'라는 뜻으로 두 사물의 특징, 성질을 비교할 때 사용합니다.

 무작정 세 번 듣고 따라 하기

self-check

406

我比你更高。
Wǒ bǐ nǐ gèng gāo
워 비 니 껑 까오

나는 너보다 더 커.

407

他比我更帅。
Tā bǐ wǒ gèng shuài
타 비 워 껑 슈와이

그는 나보다 더 멋있어.

408

今天比昨天更冷。
Jīntiān bǐ zuótiān gèng lěng
진티엔 비 주어티엔 껑 렁

오늘은 어제보다 더 추워.

409

男朋友比我大一岁。
Nán péngyou bǐ wǒ dà yī suì
난 펑요우 비 워 따 이 쉐이

남자친구는 나보다 한 살이 더 많아.

410

这个比那个还贵。
Zhè ge bǐ nà ge hái guì
쩌거 비 나거 하이 꿰이

이것은 그것보다 더 비싸.

비교문에서는 '很, 非常'등의 정도부사는 사용할 수 없어요. '更' 대신 '还'를 사용할 수 있고 '高一点儿'처럼 '술어+一点儿' 형태로 말하기도 합니다.

self-check

406

나는 너보다 더 커.

Wǒ bǐ nǐ gèng gāo
我比你更高。
我比你更高。

407

그는 나보다 더 멋있어.

Tā bǐ wǒ gèng shuài
他比我更帅。
他比我更帅。

408

오늘은 어제보다 더 추워.

Jīntiān bǐ zuótiān gèng lěng
今天比昨天更冷。
今天比昨天更冷。

409

남자친구는 나보다 한 살이 더 많아.

Nán péngyou bǐ wǒ dà yī suì
男朋友比我大一岁。
男朋友比我大一岁。

410

이것은 그것보다 더 비싸.

Zhè ge bǐ nà ge hái guì
这个比那个还贵。
这个比那个还贵。
X

✓Check

필수 단어

□ **更** gèng 더욱, 더 □ **高** gāo 높다, 키가 크다 □ **帅** shuài 멋지다 □ **今天** Jīntiān 오늘
□ **昨天** zuótiān 어제 □ **冷** lěng 춥다 □ **男朋友** nán péngyou 남자친구 □ **大** dà 크다, (수량)많다
□ **岁** suì 세, 살 □ **贵** guì 비싸다

12강 비교문

DAY 28

나는 너보다 더 커.

DAY 28 我不比你高。 나는 너보다 크지 않아.

비교문의 부정은 'A+不比+B+형용사'의 형태로 말합니다. 'A가 B보다 더~하지 않는다'라는 뜻을 가지고 있어요.

  무작정 세 번 듣고 따라 하기

411

我不比你高。
Wǒ bù bǐ nǐ gāo
워 부 비 니 까오

나는 너보다 크지는 않아.

412

他的汉语水平不比我的差。
Tā de hànyǔ shuǐpíng bù bǐ wǒ de chà
타 더 한위 쉐이핑 부 비 워 더 차

그의 중국어 실력은
나보다 나쁘지 않아.

413

我没有他高。
Wǒ méi yǒu tā gāo
워 메이 요우 타 까오

나는 그만큼 크지 않아.

'A+没有+B+형용사'는 'A는 B만큼 ~하지 않다'라는 뜻으로 역시 비교문의 부정 패턴입니다.

414

这个没有那个贵。
Zhè ge méi yǒu nà ge guì
쩌거 메이 요우 나거 꿰이

이것은 그것만큼 비싸지 않아.

415

今天没有昨天冷。
Jīntiān méi yǒu zuótiān lěng
진티엔 메이 요우 주어티엔 렁

오늘은 어제만큼 춥지 않아.

우리말을 보고 중국어로 세 번 따라 쓰기

411

나는 너보다 크지는 않아.

Wǒ bù bǐ nǐ gāo
我不比你高。
我不比你高。

412

그의 중국어 실력은
나보다 나쁘지 않아.

Tā de hànyǔ shuǐpíng bù bǐ wǒ de chà
他的汉语水平不比我的差。
他的汉语水平不比我的差。

413

나는 그만큼 크지 않아.

Wǒ méi yǒu tā gāo
我没有他高。
我没有他高。

414

이것은 그것만큼 비싸지 않아.

Zhè ge méi yǒu nà ge guì
这个没有那个贵。
这个没有那个贵。

415

오늘은 어제만큼 춥지 않아.

Jīntiān méi yǒu zuótiān lěng
今天没有昨天冷。
今天没有昨天冷。

☑Check

필수 단어

□ **高** gāo 높다, 키가 크다 □ **水平** shuǐpíng 수준 □ **差** chà 나쁘다 □ **贵** guì 비싸다
□ **今天** Jīntiān 오늘 □ **昨天** zuótiān 어제 □ **冷** lěng 춥다

这个跟那个一样。 이것은 그것과 같아.

비교의 결과가 같을 때는 'A+跟+B+一样'이라 말하는데 'A와 B는 같다'라는 뜻을 가지고 있습니다.

  무작정 세 번 듣고 따라 하기

self-check

416 

这个跟那个一样。
Zhè ge gēn nà ge yíyàng
쩌거 껀 나거 이양

이것과 그것은 같아.

417

他的汉语水平跟中国人一样。
Tā de hànyǔ shuǐpíng gēn Zhōngguórén yíyàng
타 더 한위 쉐이핑 껀 쭝궈런 이양

그의 중국어 실력은 중국인과 같아.

418

我的跟他的不一样。
Wǒ de gēn tā de bù yíyàng
워 더 껀 타 더 뿌 이양

내 것과 그의 것은 같지 않아.

419

我跟他一样高。
Wǒ gēn tā yíyàng gāo
워 껀 타 이양 까오

나는 그처럼 키가 커.

비교의 결과를 구체적으로 나타내고자 할 때에는 뒤에 형용사를 붙여 말해요.

420

今天跟昨天一样热。
Jīntiān gēn zuótiān yíyàng rè
진티엔 껀 주어티엔 이양 르어

오늘은 어제처럼 더워.

self-check

416

이것과 그것은 같아.

Zhè ge gēn nà ge yíyàng
这个跟那个一样。
这个跟那个一样。

○○○

417

그의 중국어 실력은
중국인과 같아.

Tā de hànyǔ shuǐpíng gēn Zhōngguórén yíyàng
他的汉语水平跟中国人一样。
他的汉语水平跟中国人一样。

○○○

418

내 것과 그의 것은 같지 않아.

Wǒ de gēn tā de bù yíyàng
我的跟他的不一样。
我的跟他的不一样。

○○○

419

나는 그처럼 키가 커.

Wǒ gēn tā yíyàng gāo
我跟他一样高。
我跟他一样高。

○○○

420

오늘은 어제처럼 더워.

Jīntiān gēn zuótiān yíyàng rè
今天跟昨天一样热。
今天跟昨天一样热。

○○○

✓ Check

필수 단어
☐ **一样** yíyàng 같다　☐ **汉语** hànyǔ 중국어　☐ **水平** shuǐpíng 수준　☐ **热** rè 덥다

12강 비교문

DAY 28

이것은 그것과 같아.

 **DAY 29**

他已经回家了。 그는 이미 집으로 돌아갔어.

동사 뒤에 어기조사 '了'를 사용하여 동작이 완료되었음을 표현합니다.

 무작정 세 번 듣고 따라 하기

421
他已经回家了。
Tā yǐjīng huí jiā le
타 이찡 훼이찌아 러

그는 이미 집으로 돌아갔어.

422
她去韩国了。
Tā qù Hánguó le
타 취 한궈 러

그녀는 한국에 갔어.

└ 문장 끝에 '了'를 붙여 과거형을 나타내요.

423
我看了那部电影。
Wǒ kàn le nà bù diànyǐng
워 칸 러 나 뿌 띠엔잉

난 그 영화를 봤어.

424
我们昨天参加了马拉松比赛。
Wǒmen zuótiān cānjiā le mǎlāsōng bǐsài
워먼 주어티엔 찬지아 러 마라쏭 비싸이

우리는 어제 마라톤대회에 참가했어.

425
吃了饭，我们一起看电视吧。
Chī le fàn wǒmen yìqǐ kàn diànshì ba
츠 러 판 워먼 이치 칸 디엔쓰 바

밥을 먹고 나서 우리 같이
텔레비전을 보자.

└ '了'는 꼭 과거 시제에만 사용되는 것이 아니라 미래의 가정을 할 때에도 사용됩니다.

 우리말을 보고 중국어로 세 번 따라 쓰기

421

그는 이미 집으로 돌아갔어.

Tā yǐjīng huíjiā le
他已经回家了。
他已经回家了。

422

그녀는 한국에 갔어.

Tā qù Hánguó le
她去韩国了。
她去韩国了。

423

난 그 영화를 봤어.

Wǒ kàn le nà bù diànyǐng
我看了那部电影。
我看了那部电影。

424

우리는 어제
마라톤 대회에 참가했어.

Wǒmen zuótiān cānjiā le mǎlāsōng bǐsài
我们昨天参加了马拉松比赛。
我们昨天参加了马拉松比赛。

425

밥을 먹고 나서
우리 같이 텔레비전을 보자.

Chī le fàn wǒmen yìqǐ kàn diànshì ba
吃了饭，我们一起看电视吧。
吃了饭，我们一起看电视吧。

13강 과거형 표현

DAY 29

그는 이미 집으로 돌아갔어.

✓Check

단어
필수

☐ **已经** yǐjīng 이미, 벌써　☐ **回家** huíjiā 집으로 돌아가다　☐ **吃饭** chīfàn 밥을 먹다
☐ **电影** diànyǐng 영화　☐ **参加** cānjiā 참가하다　☐ **马拉松比赛** mǎlāsōng bǐsài 마라톤 대회
☐ **电视** diànshì 텔레비전

你去过中国吗? 너 중국에 가본 적 있니?

동사 뒤에 동태조사 '过'를 붙여 과거의 경험을 나타낼 때 사용하며 '~한 적이 있다'라는 뜻이 있습니다.

  무작정 세 번 듣고 따라 하기

self-check

426

你去过中国吗?
Nǐ qù guo Zhōngguó ma
니 취 구어 쭝궈 마

너 중국에 가본 적 있니?

427

你谈过恋爱吗?
Nǐ tán guo liàn'ài ma
니 탄 구어 리엔 아이 마

너 연애해 본 적 있니?

'谈恋爱 tánliàn'ài'는 '연애를 하다'라는 표현입니다.

428

你以前来过这里吗?
Nǐ yǐqián lái guo zhèlǐ ma
니 이치엔 라이 구어 쩌리 마

너 예전에 여기 와본 적 있니?

429

你听过这首歌吗?
Nǐ tīng guo zhè shǒu gē ma
니 팅 구어 쩌 쇼우 꺼 마

넌 이 노래를 들어본 적 있니?

430

你吃过中国菜吗?
Nǐ chī guo zhōngguócài ma
니 츠 구어 쭝궈차이 마

넌 중국음식을 먹어본 적 있니?

 우리말을 보고 중국어로 세 번 따라 쓰기

426

너 중국에 가본 적 있니?

Nǐ qù guo Zhōngguó ma
你去过中国吗?
你去过中国吗?

427

너 연애해 본 적 있니?

Nǐ tán guo liàn'ài ma
你谈过恋爱吗?
你谈过恋爱吗?

428

너 예전에 여기 와본 적 있니?

Nǐ yǐqián lái guo zhèlǐ ma
你以前来过这里吗?
你以前来过这里吗?

429

넌 이 노래를 들어본 적 있니?

Nǐ tīng guo zhè shǒu gē ma
你听过这首歌吗?
你听过这首歌吗?

430

넌 중국음식을 먹어본 적 있니?

Nǐ chī guo zhōngguócài ma
你吃过中国菜吗?
你吃过中国菜吗?

 ✓Check

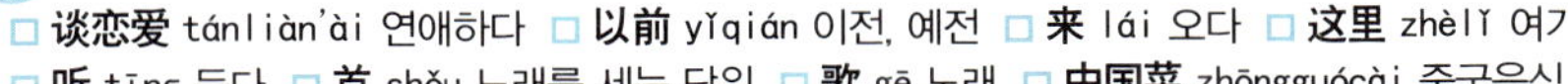

단어 필수

□ **谈恋爱** tánliàn'ài 연애하다　□ **以前** yǐqián 이전, 예전　□ **来** lái 오다　□ **这里** zhèlǐ 여기
□ **听** tīng 듣다　□ **首** shǒu 노래를 세는 단위　□ **歌** gē 노래　□ **中国菜** zhōngguócài 중국음식

13강 과거형 표현

DAY 29

너 중국에 가본 적 있니?

我去过中国。 나는 중국에 가본적 있어.

'~해본 적 없다'는 과거형 부정부사 '没'를 사용하여 '没+동사+过'라고 말합니다.

무작정 세 번 듣고 따라 하기

self-check

431

我去过中国。
Wǒ qù guo Zhōngguó
워 취 구어 쯍궈

나는 중국에 가본 적 있어.

432

我谈过恋爱。
Wǒ tǎn guo liàn'ài
워 탄 구어 리엔 아이

나는 연애해 본 적 있어.

433

我听过这首歌。
Wǒ tīng guo zhè shǒu gē
워 팅 구어 쩌 쇼우 꺼

난 이 노래를 들어본 적 있어.

434

他以前没来过这里。
Tā yǐqián méi lái guo zhèlǐ
타 이치엔 메이 라이 구어 쩌리

그는 예전에 여기 와본 적 없어.

435

我从来没吃过中国菜。
Wǒ cónglái méi chī guo zhōngguócài
워 총라이 메이 츠 구어 쭝궈차이

난 지금껏 중국음식을 먹어본 적 없어.

'从来'는 '지금까지, 이제까지'라는 뜻으로 '从来没~过'는 '지금까지 ~해본 적 없다'라는 표현입니다.

431

나는 중국에 가본 적 있어.

Wǒ qù guo Zhōngguó
我去过中国。
我去过中国。

432

나는 연애해 본 적 있어.

Wǒ tán guo liàn'ài
我谈过恋爱。
我谈过恋爱。

433

난 이 노래를 들어본 적 있어.

Wǒ tīng guo zhè shǒu gē
我听过这首歌。
我听过这首歌。

434

그는 예전에 여기 와본 적 없어.

Tā yǐqián méi lái guo zhèlǐ
他以前没来过这里。
他以前没来过这里。

435

난 지금껏 중국음식을
먹어본 적 없어.

Wǒ cónglái méi chī guo zhōngguócài
我从来没吃过中国菜。
我从来没吃过中国菜。

13강 과거형 표현

DAY 29

나는 중국에 가본적 있어.

✓Check

필수

□ **谈恋爱** tánliàn'ài 연애하다　□ **听** tīng 듣다　□ **首** shǒu 노래를 세는 단위　□ **歌** gē 노래
□ **中国菜** zhōngguócài 중국음식

DAY 30 我把作业做完了。 난 숙제를 다 끝내버렸어.

'把자문'은 '주어+把+목적어+동사+기타성분'의 형태로 사람이나 사물(목적어)을 어떤 형식으로
처리하고, 그 결과는 어떠한지를 강조하는 구문입니다.

  무작정 세 번 듣고 따라 하기

436
我把作业做完了。
Wǒ bǎ zuòyè zuò wán le
워 바 쭈어에 쭈어 완 러

난 숙제를 다 끝내버렸어.

'把자문'의 동사 뒤에는 '了, 보어, 동사중첩' 등의 기타성분이 꼭 와야 합니다.

437
我把门关上了。
Wǒ bǎ mén guān shàng le
워 바 먼 꽌 샹 러

난 문을 닫아버렸어.

438
我把钱包丢了。
Wǒ bǎ qiánbāo diū le
워 바 치엔빠오 띠우 러

난 지갑을 잃어버렸어.

439
他把这本书看完了。
Tā bǎ zhè běn shū kàn wán le
타 바 쩌 번 슈 칸 완 러

그는 이 책을 다 읽어버렸어.

440
她把咖啡喝完了。
Tā bǎ kāfēi hē wán le
타 바 카페이 흐어 완 러

그녀는 커피를 다 마셔버렸어.

self-check

436

난 숙제를 다 끝내버렸어.

Wǒ bǎ zuòyè zuò wán le
我把作业做完了。
我把作业做完了。

△△△

437

난 문을 닫아버렸어.

Wǒ bǎ mén guān shàng le
我把门关上了。
我把门关上了。

△△△

438

난 지갑을 잃어버렸어.

Wǒ bǎ qiánbāo diū le
我把钱包丢了。
我把钱包丢了。

△△△

439

그는 이 책을 다 읽어버렸어.

Tā bǎ zhè běn shū kàn wán le
他把这本书看完了。
他把这本书看完了。

△△△

440

그녀는 커피를 다 마셔버렸어.

Tā bǎ kāfēi hē wán le
她把咖啡喝完了。
她把咖啡喝完了。

△△△

 √Check

필수

☐ **做作业** zuòzuòyè 숙제를 하다　☐ **完** wán 마치다, 끝나다　☐ **门** mén 문　☐ **关上** guān shàng 닫다, 끄다
☐ **钱包** qiánbāo 지갑　☐ **丢** diū 잃어버리다　☐ **本** běn 책을 세는 양사　☐ **看** kàn 보다
☐ **咖啡** kāfēi 커피　☐ **喝** hē 마시다

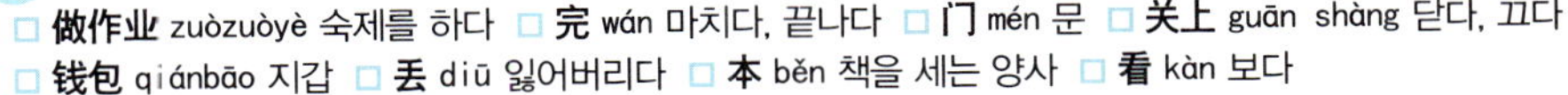

我没把作业做完。

난 숙제를 다 끝내지 못했어.

'把자문'의 부정형은 부정부사 '没'를 '把'앞에 붙여 말합니다.

무작정 세 번 듣고 따라 하기

self-check

441

我没把作业做完。
Wǒ méi bǎ zuòyè zuò wán
워 메이 바 쭈어예 쭈어 완

난 숙제를 다 끝내지 못했어.

442

我没把钱包弄丢。
Wǒ méi bǎ qiánbāo nòng diū
워 메이 바 치엔빠오 농 띠우

난 지갑을 잃어버리지 않았어.

443

他没把这件事忘记。
Tā méi bǎ zhè jiàn shì wàngjì
타 메이 바 쩌 찌엔 스 왕찌

그는 이 일을 잊지 않았어.

444

我不想把这个扔掉。
Wǒ bùxiǎng bǎ zhè ge rēng diào
워 부시앙 바 쩌 거 렁 띠아오

난 이것을 버리고 싶지 않아.

'能', '想', '可以' 등의 조동사 모두 '把' 앞에 위치해요.

445

我不想把这件事情告诉他。
Wǒ bùxiǎng bǎ zhè jiàn shìqíng gàosu ta
워 부시앙 바 쩌 찌엔 쓰칭 까오수 타

난 이 일을 그에게 알리고 싶지 않아

self-check

441 난 숙제를 다 끝내지 못했어.

Wǒ méi bǎ zuòyè zuò wán
我没把作业做完。
我没把作业做完。

442 난 지갑을 잃어버리지 않았어.

Wǒ méi bǎ qiánbāo nòng diū
我没把钱包弄丢。
我没把钱包弄丢。

443 그는 이 일을 잊지 않았어.

Tā méi bǎ zhè jiàn shì wàngjì
他没把这件事忘记。
他没把这件事忘记。

444 난 이것을 버리고 싶지 않아.

Wǒ bù xiǎng bǎ zhè ge rēng diào
我不想把这个扔掉。
我不想把这个扔掉。

445 난 이 일을 그에게 알리고 싶지 않아.

Wǒ bùxiǎng bǎ zhè jiàn shìqíng gàosu ta
我不想把这件事情告诉他。
我不想把这件事情告诉他。

✓Check

필수 □ **做作业** zuòzuòyè 숙제를 하다 □ **件** jiàn 일을 세는 양사 □ **事** shì 일 □ **忘记** wàngjì 잊다
□ **不想** bù xiǎng ～하고싶지 않다 □ **扔** rēng 버리다 □ **告诉** gàosu 알리다

14강 把자문, 被자문

DAY 30

난 숙제를 다 끝내지 못했어.

钱包被小偷儿偷走了。 지갑을 소매치기 당했어.

'주어+被+동작주체+동사+기타성분'의 형태로 이루어진 被자문은 '~에 의해 ~하게 되다'라는
피동문입니다.

 무작정 세 번 듣고 따라 하기

self-check

446
钱包被小偷儿偷走了。
Qiánbāo bèi xiǎotōur tōu zǒu le
치엔빠오 베이 샤오토얼 토우 조우 러

지갑을 소매치기 당했어.

447
我被哥哥打了。
Wǒ bèi gēge dǎ le
워 베이 꺼거 다 러

나는 오빠한테 얻어맞았어.

448
我的车被妈妈开走了。
Wǒ de chē bèi māma kāi zǒu le
워 더 쳐 베이 마마 카이 조우 러

내 차는 엄마가 운전하고 가버렸어.

449
钱包没被小偷儿偷走。
Qiánbāo méi bèi xiǎotōur tōu zǒu
치엔빠오 메이 베이 샤오토얼 토우 조우

지갑을 소매치기 당하지 않았어.

└ 부정부사 '没'와 아래 '已经'과 같은 부사, 조동사는 모두 '被' 앞에 놓입니다.

450
那辆车已经被爸爸修好了。
Nà liàng chē yǐjīng bèi bàba xiū hǎo le
나 량 쳐 이찡 베이 빠바 시우 하오 러

차는 이미 아빠가 수리하셨어.

 우리말을 보고 중국어로 세 번 따라 쓰기

446

지갑을 소매치기 당했어.

Qiánbāo bèi xiǎotōur tōu zǒu le
钱包被小偷儿偷走了。
钱包被小偷儿偷走了。

◇◇◇

447

나는 오빠한테 얻어맞았어.

Wǒ bèi gēge dǎ le
我被哥哥打了。
我被哥哥打了。

◇◇◇

448

내 차는 엄마가 운전하고 가 버렸어.

Wǒ de chē bèi māma kāi zǒu le
我的车被妈妈开走了。
我的车被妈妈开走了。

◇◇◇

449

지갑을 소매치기 당하지 않았어.

Qiánbāo méi bèi xiǎotōur tōu zǒu
钱包没被小偷儿偷走。
钱包没被小偷儿偷走。

◇◇◇

450

차는 이미 아빠가 수리하셨어.

Nà liàng chē yǐjīng bèi bàba xiū hǎo le
那辆车已经被爸爸修好了。
那辆车已经被爸爸修好了。

◇◇◇

✓Check

필수

☐ **钱包** qiánbāo 지갑　☐ **小偷儿** xiǎotōur 소매치기, 좀도둑　☐ **偷** tōu 훔치다　☐ **打** dǎ 때리다
☐ **车** chē 차　☐ **开** kāi 운전하다　☐ **辆** liàng 차량을 세는 양사　☐ **修** xiū 수리하다

14강 把자문, 被자문

DAY 30

지갑을 소매치기 당했어.

쓰다 보면
뚝딱
외워지는
중국어
현지회화
450

듣고 말하며 따라 쓰는 **3박자 학습법**으로 실력이 **쑥쑥!**

쓰다 보면
뚝딱
외워지는

중국어
현지회화
450